Animalogy

アニマロジー

人間の取扱説明書

白石まるみ

牧野出版

はじめに

こんにちは！　白石まるみです。

　本書を手にとってくださった方は、「アニマロジーって何だろう？」と不思議な気持ちで本を開いたと思います。それもそのはず！　世界ではじめて出すタイトルの本ですから（笑）。　これは「アニマル」と「サイコロジー」を合わせて造った新しい言葉なんです。私の師匠の弦本将裕先生が特別に作った造語で、それを私がとても気に入り、今回、私の本のタイトルに使わせて頂くことを了承してもらいました。

　アニマロジーとは何か、っていうと、気になるアノ人の誕生日さえわかれば、その人の個性（特有の性格やよくとる行動）も運気も全てわかっちゃう！　っていう優れものなのです。

　つまり、本書には「人間の取り扱い説明」が書いてあるわけです。うふふ。なんだかウキウキ、ワクワクしてきたでしょう♪　自分だけがアノ人の「トリセツ」を持っている!!　そりゃあ～もう手のひらでコロコロ状態ですから、勝ち組間違いなし（笑）。

　例えば初めて犬を飼う人は、これまで飼った経験がなくても、本屋さんやインターネットで「犬の飼い方」を調べるか、あるいはもっと細かく分類分けされた図鑑で「ゴールデンレトリバーの飼い方」「チワワの飼い方」などを読めば、ほとんど失敗なく犬を飼うことができますよね。植物だって、初めて観葉植物を育ててみよう！　という人も、植物図鑑で「ベンジャミンの育て方」「ゴムの木の育て方」など細かく分類分けされた本を読めば、育てるのに失敗することが少なくなります。

ところが、これまで2000年の歴史の中で、人間を分類分けした「人間分類図鑑」はありませんでした。それに代わるのが、この「アニマロジー」なのです。

　好きな人ができた→当たって砕けろで思い切って告白する→砕け散る……というパターンが今までいかに多かったことか。あなたも1度くらい経験あるでしょ（笑）。そんなときに役に立つのがこのアニマロジーです。

　大好きなアノ人の誕生日をそっと入手するだけ、ただそれだけで、その人の本当の性格、一見した性格、考え方などが簡単にわかっちゃう♪　「趣味・嗜好」「もらったら嬉しいプレゼント」「好きな場所、言葉」もわかるし、告白するとつい「はい」と答えてしまう優柔不断な月日もゲットできるので、成功率が格段に上がるのです。それに男性諸君はアニマロジーを知るとキャバクラでもどこでもやたらモテます。もちろん女子だってそう。同性異性問わずモテモテで、友達が一気に増えます。

　恋愛だけではありません。仕事場でも使えます。苦手な上司の対処法、部下の取り扱い、同僚と上手くやるコツのヒントが盛りだくさん!!　営業成績もグンと伸びます。

　そして親子関係、夫婦関係にも当然使えます。特に親子は「血は繋がっていても個性は遺伝しない」ということを皆さんに知ってもらいたいのです。

　多くの人が、その辺を良くわかっていないから、テレビのワイドショーを騒がせるような事件が毎日のように起きるのです。本当の親子なのに、小さいときはおとなしくて何でも親の言うことを聞く息子だと思っていたのに、ある日突然、親に対して刃を向ける……。これはあってはならないことですよね。でも親も悪い。

例えば、誰かに後ろから突き飛ばされて転んで、ひざをすりむいて血がでたとします。しばらくは、傷が痛む度にその突き飛ばした人を恨むことはあっても、体の傷は日が経てば、やがてカサブタになって消え、治ってしまえば突き飛ばした人のこともすっかり忘れてしまいます。

　でも、心の傷はどうでしょう。皆さんの中に、自分が小さい頃に言われた親の一言でいまだに傷ついている人はいませんか？　親友だと思っていた相手に裏切られた経験はありませんか？　学校の先生にひどいことを言われて深く落ち込んだことはありませんか？　社会に出てまでも「イジメ」にあっているという人はいませんか？　心の傷は日にちが経てば経つほど、やがて憎悪となって深く大きく心に刻み込まれ、取り返しのつかないことになってしまいます。

　傷つくのはとても辛いことですよね。

　でも辛いのは自分だけで、実は、相手はなんとも思ってないことが多いのです。個性が違えば考え方がそれぞれ違って当たり前。なのに相手が何気なく言った一言に深く傷つき、立ち直れないくらいに落ち込んだ後、相手のことが嫌いになる。許せなくなる。復讐に燃えたりする。しかし、怒りからは何も生まれません。ストレスの90％以上は人間関係だと言われてます。

　私は講演でよく「ストレスの全くない人、手を挙げて」って聞くのですが、ほぼ毎回、１人も手が挙がらずみんなジッとしています。で、「何がストレス？」と聞くと、会社とか、学校とか、家庭とかって答えるんですが、実は、会社がストレスじゃなくて、「人」がストレスなのです。

　私も小学校低学年の頃、不登校だったからわかるのですが、学校

に行きたくない子も、学校が嫌なんじゃなくて、学校には行きたいけど、あの子が、あの先生がいるから行きたくないのです。会社に行きたくない人は、あの嫌な上司や同僚がいるから、会社に行きたくないのです。

　だから人間関係をよくすれば、会社を辞める人だって、登校拒否児だって、いなくなるんじゃないかって思います。

　では、人間関係を良くするためには、どうしたらいいのでしょうか？

　簡単なことです。それは、「**あきらめる**」ことです。あ、でもこの場合、皆さんがよく知ってる「諦める」じゃありませんよ。「明らめる」んです。辞書でこの漢字の違いを調べてみてくださいね、全然違うから。

　・諦める……望んでいたことの実現が不可能であることを認めて、望みを捨てる、断念する（ネガティブ）。

　・明らめる……物事の事情・理由を明らかにする。心を明るくする、心を晴らす(ポジティブ)。

「明らめる」は相手の個性を明らかに認めて受け入れる。まぁ、そうは言っても私たち人間はみんな自分の物差しで人を計ります。自分が正しくて相手が間違っていると思いがちです。苦手な相手を「受け入れる」、「許す」という、明らめる行為は最初はとても難しいけれど、頑張ってやってみてください。きっと人生の流れが大きく変わりますよ♪

　実は私も許せない人がいました。その人が許せなくて長い間、人知れず苦しみました。でも憎悪からは何も生まれない。そのうち私は、何をやってもやることなすこと空回り。全く上手くいかなくな

りました。

　仕事もお金もいつの間にかなくなり、暗い海の底深くに埋め込まれた様な状態……息苦しく辛い状態が続き、真っ暗闇の中に沈んでいました。「なんで？　私は何も悪くないのに、なんで私だけこんな目に遭うの？」悲しくて毎日泣きました。

　そしてどん底まで落ちたとき、初めて私は「もういい！　恨むのはよそう。私に起きた全てを許そう」と思い、考え方も生活も全てを変える努力をしました。

　そんなときに出会ったのが師匠である弦本先生です。共通の知り合いが運営する美術館で偶然出逢い、意気投合。それ以来、飲み友達になり（笑）、今ではすっかり心友（心の友）です。私は個性心理學を学んでいくうちにいろんなことが好転してきました。今まで「ストレス」と感じていた人間関係がウソのように楽しくなり、前のように悩んでいる自分はいなくなりました。以前は「許す」努力をしていた私ですが、「明らめ方」のコツを覚えたおかげで、いつの間にか楽しいことしか考えない超プラス思考に変わっていました。

　現在私は、毎日ワクワクした最倖の日々をおくっています。

　今回、この本をどうしても出したかった理由は、かつての私のように人間関係で悩んでいる人を少しでも楽にしてあげたい。救ってあげたいと思ったからです。でも、私が師匠から学んだ「個性心理學」は、響きがなんとなく難しそうに感じられるため、もっと私らしさが出ている読みやすい本にしたかったので、タイトルにもこだわりました。

　可愛い動物たちを使ってわかりやすく体系化したイメージ心理学。「アニマロジー」というタイトルの本は世界初ですから、まだ馴染みがないと思いますが、これからどんどん広げていきたいと思い

ます。

　アニマロジーを知ればきっと悩んでいるのがバカバカしくなります。全ての人間関係を円滑にするのがアニマロジー。まずは入門編「人間は大きく分けると３種類である」ということを覚えてください。

　それを知るだけでも、目からウロコが落ちます。この本を読み終わる頃にはあなたの周りは落ちたウロコだらけになっていることでしょう（笑）。あるいはイメージとしては脱皮かな。古い皮を脱いで、新しい自分に生まれ変わってください。

　個性心理學研究所　ホワイトタイガー支局　支局長　白石まるみ

アニマロジーって？

　アニマロジーはひとりの人間を 1,036,800 通りに分類した分類学で、正式名は『個性心理學®』といいます。「個性心理學」は 1997 年 4 月に個性心理學研究所により考案され、世界ではじめて人間の個性を 12 の動物キャラクターに当てはめるというイメージ心理学の手法を用いて、まったく新しい「実学」としての心理学を目指して体系化されました。

　学問としての「心理学」とは少々違いますが、あえて言うなら 21 世紀の心理学。個人心理学と社会心理学の中間あたりに位置するであろう、コミュニケーションツールとしての心理学です。

　個性心理学の分類の基礎になっているのは、中国に古くから伝わる「世界最大の統計学」と言われる四柱推命や、密教の経典の 1 つである「人間関係の秘宝」とも言われる宿曜経です。だから生年月日さえわかれば気になる相手の「個性」や「運気」までもが手に取るように簡単にわかります。

　皆さんの中には、四柱推命の本を読んだり、勉強をしたことがあるという人も少なくないと思います。

　私も子どもの頃から占い好きで、ありとあらゆる占いの本を読みあさりました。現在は、本格的にもう一度、四柱推命の勉強もしていますが、なんせ難しい！　しかも脳が歳をとっていますから覚えにくい。

　だって、表記が全て「漢字」なんですもん（汗）。

　例えば、アニマロジーで「虎」と言われるキャラは四柱推命だと「帝旺」でカッコいいけれど、「子守熊」は四柱推命では「病」、「ゾウ」は「死」、「ひつじ」は「墓」と表されます。なんかドヨ〜ンとします（笑）。

人間の記憶は「イメージでしか残らない」ということが科学的に証明されています。ですから、アニマロジーでは、頭に入りづらい四柱推命の漢字を、私たちと同じ生き物である可愛らしい動物たちに例えることで、楽しく覚えやすくしているのです。

　だから子どもから大人まで幅広く皆さんに親しまれています♪

●アニマロジーを学ぶと……
・ストレスがなくなり笑顔があふれます。
・人と会うのが楽しくなります。
・男女問わずモテモテの人気者になります。
・夫婦仲が良くなります。
・子育てが楽しくなります。
・勉強や仕事の成績が上がります。
・ギャンブルに強くなります。

　他にもたくさん嬉しいこといっぱい。使い方は自分次第です！
　ほら、ウキウキしてきたでしょう？
　ではさっそく、自分のキャラクターを調べてみましょう！

まずは自分のキャラクターを調べてみよう

キャラクターの調べ方

①自分の生まれた月のコード数を次ページからの表で確認する。

②コード数に生まれた日を足す（合計数が60を超える場合は60を引く）。

③出た数を13ページのキャラクター対応表で調べる。

例えば1976年9月13日生まれの場合

①1976年9月のコード数を表で確認すると「52」ですね。

②コード数「52」に生まれた日の「13」を足すと、

　52+13＝65

60を超えているので

　65－60＝5

③13ページのキャラクター対応表で「5」を調べると、

　「面倒見のいい黒ひょう」だということが分かります。

誕生日を入力するだけでキャラが調べられるアプリもあります。

動物キャラナビ

アニマロジー　60分類　キャラクター換算表

西暦／年号	1月	2月	3月	4月	5月	6月	7月	8月	9月	10月	11月	12月
1940(昭和15)年	39	10	39	10	40	11	41	12	43	13	44	14
1941(昭和16)年	45	16	44	15	45	16	46	17	48	18	49	19
1942(昭和17)年	50	21	49	20	50	21	51	22	53	23	54	24
1943(昭和18)年	55	26	54	25	55	26	56	27	58	28	59	29
1944(昭和19)年	0	31	0	31	1	32	2	33	4	34	5	35
1945(昭和20)年	6	37	5	36	6	37	7	38	9	39	10	40
1946(昭和21)年	11	42	10	41	11	42	12	43	14	44	15	45
1947(昭和22)年	16	47	15	46	16	47	17	48	19	49	20	50
1948(昭和23)年	21	52	21	52	22	53	23	54	25	55	26	56
1949(昭和24)年	27	58	26	57	27	58	28	59	30	0	31	1
1950(昭和25)年	32	3	31	2	32	3	33	4	35	5	36	6
1951(昭和26)年	37	8	36	7	37	8	38	9	40	10	41	11
1952(昭和27)年	42	13	42	13	43	14	44	15	46	16	47	17
1953(昭和28)年	48	19	47	18	48	19	49	20	51	21	52	22
1954(昭和29)年	53	24	52	23	53	24	54	25	56	26	57	27
1955(昭和30)年	58	29	57	28	58	29	59	30	1	31	2	32
1956(昭和31)年	3	34	3	34	4	35	5	36	7	37	8	38
1957(昭和32)年	9	40	8	39	9	40	10	41	12	42	13	43
1958(昭和33)年	14	45	13	44	14	45	15	46	17	47	18	48
1959(昭和34)年	19	50	18	49	19	50	20	51	22	52	23	53
1960(昭和35)年	24	55	24	55	25	56	26	57	28	58	29	59
1961(昭和36)年	30	1	29	0	30	1	31	2	33	3	34	4
1962(昭和37)年	35	6	34	5	35	6	36	7	38	8	39	9
1963(昭和38)年	40	11	39	10	40	11	41	12	43	13	44	14
1964(昭和39)年	45	16	45	16	46	17	47	18	49	19	50	20

西暦／年号	1月	2月	3月	4月	5月	6月	7月	8月	9月	10月	11月	12月
1965(昭和40)年	51	22	50	21	51	22	52	23	54	24	55	25
1966(昭和41)年	56	27	55	26	56	27	57	28	59	29	0	30
1967(昭和42)年	1	32	0	31	1	32	2	33	4	34	5	35
1968(昭和43)年	6	37	6	37	7	38	8	39	10	40	11	41
1969(昭和44)年	12	43	11	42	12	43	13	44	15	45	16	46
1970(昭和45)年	17	48	16	47	17	48	18	49	20	50	21	51
1971(昭和46)年	22	53	21	52	22	53	23	54	25	55	26	56
1972(昭和47)年	27	58	27	58	28	59	29	0	31	1	32	2
1973(昭和48)年	33	4	32	3	33	4	34	5	36	6	37	7
1974(昭和49)年	38	9	37	8	38	9	39	10	41	11	42	12
1975(昭和50)年	43	14	42	13	43	14	44	15	46	16	47	17
1976(昭和51)年	48	19	48	19	49	20	50	21	52	22	53	23
1977(昭和52)年	54	25	53	24	54	25	55	26	57	27	58	28
1978(昭和53)年	59	30	58	29	59	30	0	31	2	32	3	33
1979(昭和54)年	4	35	3	34	4	35	5	36	7	37	8	38
1980(昭和55)年	9	40	9	40	10	41	11	42	13	43	14	44
1981(昭和56)年	15	46	14	45	15	46	16	47	18	48	19	49
1982(昭和57)年	20	51	19	50	20	51	21	52	23	53	24	54
1983(昭和58)年	25	56	24	55	25	56	26	57	28	58	29	59
1984(昭和59)年	30	1	30	1	31	2	32	3	34	4	35	5
1985(昭和60)年	36	7	35	6	36	7	37	8	39	9	40	10
1986(昭和61)年	41	12	40	11	41	12	42	13	44	14	45	15
1987(昭和62)年	46	17	45	16	46	17	47	18	49	19	50	20
1988(昭和63)年	51	22	51	22	52	23	53	24	55	25	56	26
1989(平成01)年	57	28	56	27	57	28	58	29	0	30	1	31
1990(平成02)年	2	33	1	32	2	33	3	34	5	35	6	36
1991(平成03)年	7	38	6	37	7	38	8	39	10	40	11	41
1992(平成04)年	12	43	12	43	13	44	14	45	16	46	17	47

西暦／年号	1月	2月	3月	4月	5月	6月	7月	8月	9月	10月	11月	12月
1993(平成05)年	18	49	17	48	18	49	19	50	21	51	22	52
1994(平成06)年	23	54	22	53	23	54	24	55	26	56	27	57
1995(平成07)年	28	59	27	58	28	59	29	0	31	1	32	2
1996(平成08)年	33	4	33	4	34	5	35	6	37	7	38	8
1997(平成09)年	39	10	38	9	39	10	40	11	42	12	43	13
1998(平成10)年	44	15	43	14	44	15	45	16	47	17	48	18
1999(平成11)年	49	20	48	19	49	20	50	21	52	22	53	23
2000(平成12)年	54	25	54	25	55	26	56	27	58	28	59	29
2001(平成13)年	0	31	59	30	0	31	1	32	3	33	4	34
2002(平成14)年	5	36	4	35	5	36	6	37	8	38	9	39
2003(平成15)年	10	41	9	40	10	41	11	42	13	43	14	44
2004(平成16)年	15	46	15	46	16	47	17	48	19	49	20	50
2005(平成17)年	21	52	20	51	21	52	22	53	24	54	25	55
2006(平成18)年	26	57	25	56	26	57	27	58	29	59	30	0
2007(平成19)年	31	2	30	1	31	2	32	3	34	4	35	5
2008(平成20)年	36	7	36	7	37	8	38	9	40	10	41	11
2009(平成21)年	42	13	41	12	42	13	43	14	45	15	46	16
2010(平成22)年	47	18	46	17	47	18	48	19	50	20	51	21
2011(平成23)年	52	23	51	22	52	23	53	24	55	25	56	26
2012(平成24)年	57	28	57	28	58	29	59	30	1	31	2	32
2013(平成25)年	3	34	2	33	3	34	4	35	6	36	7	37
2014(平成26)年	8	39	7	38	8	39	9	40	11	41	12	42
2015(平成27)年	13	44	12	43	13	44	14	45	16	46	17	47
2016(平成28)年	18	49	18	49	19	50	20	51	22	52	23	53
2017(平成29)年	24	55	23	54	24	55	25	56	27	57	28	58
2018(平成30)年	29	0	28	59	29	0	30	1	32	2	33	3
2019(平成31)年	34	5	33	4	34	5	35	6	37	7	38	8
2020(平成32)年	39	10	39	10	40	11	41	12	43	13	44	14

キャラクター対応表

01	長距離ランナーのチータ	31	リーダーとなるゾウ
02	社交家のたぬき	32	しっかり者のこじか
03	落ち着きのない猿	33	活動的な子守熊
04	フットワークの軽い子守熊	34	気分屋の猿
05	面倒見のいい黒ひょう	35	頼られると嬉しいひつじ
06	愛情あふれる虎	36	好感のもたれる狼
07	全力疾走するチータ	37	まっしぐらに突き進むゾウ
08	磨き上げられたたぬき	38	華やかなこじか
09	大きな志をもった猿	39	夢とロマンの子守熊
10	母性豊かな子守熊	40	尽くす猿
11	正直なこじか	41	大器晩成のたぬき
12	人気者のゾウ	42	足腰の強いチータ
13	ネアカの狼	43	動きまわる虎
14	協調性のないひつじ	44	情熱的な黒ひょう
15	どっしりとした猿	45	サービス精神旺盛な子守熊
16	コアラのなかの子守熊	46	守りの猿
17	強い意志をもったこじか	47	人間味あふれるたぬき
18	デリケートなゾウ	48	品格のあるチータ
19	放浪の狼	49	ゆったりとした悠然の虎
20	物静かなひつじ	50	落ち込みの激しい黒ひょう
21	落ち着きのあるペガサス	51	我が道を行くライオン
22	強靭な翼をもつペガサス	52	統率力のあるライオン
23	無邪気なひつじ	53	感情豊かな黒ひょう
24	クリエイティブな狼	54	楽天的な虎
25	穏やかな狼	55	パワフルな虎
26	粘り強いひつじ	56	気どらない黒ひょう
27	波乱に満ちたペガサス	57	感情的なライオン
28	優雅なペガサス	58	傷つきやすいライオン
29	チャレンジ精神の旺盛なひつじ	59	束縛を嫌う黒ひょう
30	順応性のある狼	60	慈悲深い虎

あなたのキャラクターはなんでしたか？

私のキャラクターは……

です。

気になるあの人のキャラクターはなんでしたか？

_____さんのキャラクターは……

です。

_____さんのキャラクターは……

です。

アニマロジーは細かく60のキャラクターに分かれていますが、
まずは「猿」「ひつじ」など、動物の種類に注目してみてください。

１２分類シート

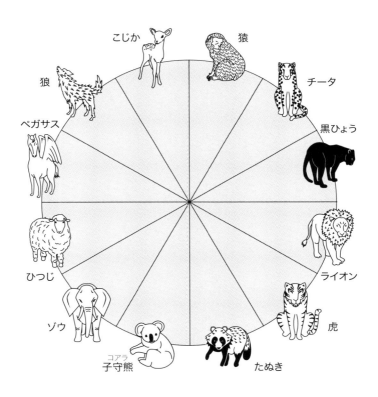

あなたの周りにはどんなキャラが多いでしょうか？　調べて書き込んでみると意外な発見があるかも？

Animalogie

目次

はじめに 1

アニマロジーって？ 7

まずは自分のキャラクターを調べてみよう 9

目次 17

Step1　3classification【3分類】 23

MOON・EARTH・SUN 24

MOONグループ（いい人チーム） 25

EARTHグループ（しっかり者チーム） 26

SUNグループ（天才チーム） 27

行動パターンあるある 28

３分類のヒューマンリレーション 30

講師は見た！　アニマロジー検証データ 31

もっと教えて！　アニマロジー Q&A 37

Step2　12classification【12分類】 45

12分類のキャラクター 46

狼　WOLF 48

こじか　FAWN 52

猿　MONKEY 56

チータ　CHEETAH 60

黒ひょう　BLACK PANTHER 64

ライオン　LION 68

虎　TIGER 72

たぬき　TANUKI 76

子守熊　KOALA 80

ゾウ　ELEPHANT 84

ひつじ　SHEEP 88

ペガサス　PEGASUS ⋯⋯⋯⋯⋯⋯⋯⋯⋯ 92

12分類ヒューマンリレーション ⋯⋯⋯⋯ 96

講師は見た！　アニマロジー検証データ ⋯⋯ 98

Step3　Pie Chart【円グラフ】 ⋯⋯⋯⋯⋯⋯ 105

12分類の相関関係 ⋯⋯⋯⋯⋯⋯⋯⋯⋯⋯ 106

目標指向型と状況対応型 ⋯⋯⋯⋯⋯⋯⋯⋯ 108

未来展望型と過去回想型 ⋯⋯⋯⋯⋯⋯⋯⋯ 110

右脳型と左脳型 ⋯⋯⋯⋯⋯⋯⋯⋯⋯⋯⋯ 112

講師は見た！　アニマロジー検証データ ⋯⋯ 114

アニマロジーで芸能チェック ⋯⋯⋯⋯⋯⋯ 126

Step4　Time Rhythm【トキのリズム】 ⋯⋯ 137

運気にはサイクルがある ⋯⋯⋯⋯⋯⋯⋯ 138

天のエネルギーリズム ⋯⋯⋯⋯⋯⋯⋯⋯ 140

それぞれのリズムの性質 ⋯⋯⋯⋯⋯⋯⋯ 141

大樹 Big tree ⋯⋯⋯⋯⋯⋯⋯⋯⋯⋯⋯ 141

草花 Grass ⋯⋯⋯⋯⋯⋯⋯⋯⋯⋯⋯⋯ 141

太陽 Sunshine ⋯⋯⋯⋯⋯⋯⋯⋯⋯⋯⋯ 142

灯火 Candle light ⋯⋯⋯⋯⋯⋯⋯⋯⋯ 142

山岳 Mountain ⋯⋯⋯⋯⋯⋯⋯⋯⋯⋯⋯ 143

大地 Field ⋯⋯⋯⋯⋯⋯⋯⋯⋯⋯⋯⋯ 143

鉱脈 Metal ⋯⋯⋯⋯⋯⋯⋯⋯⋯⋯⋯⋯ 144

宝石 Jewelry ⋯⋯⋯⋯⋯⋯⋯⋯⋯⋯⋯ 144

海洋 Ocean ⋯⋯⋯⋯⋯⋯⋯⋯⋯⋯⋯⋯ 145

雨露 Rain Drop ⋯⋯⋯⋯⋯⋯⋯⋯⋯⋯ 145

それぞれのトキ（運気） ⋯⋯⋯⋯⋯⋯⋯⋯ 146

整理 ⋯⋯⋯⋯⋯⋯⋯⋯⋯⋯⋯⋯⋯⋯⋯ 146

学習 ⋯⋯⋯⋯⋯⋯⋯⋯⋯⋯⋯⋯⋯⋯⋯ 147

活動	147
浪費	148
調整	148
焦燥	149
投資	149
成果	150
転換	150
完結	151

10年間のトキのリズムを知る …… 152

月運を知る …… 154

講師は見た！　アニマロジー検証データ …… 156

運気あれこれ …… 159

Step5　60classification【60分類】 …… 163

60分類の個性と相性 …… 164

01　長距離ランナーのチータ …… 165

02　社交家のたぬき …… 166

03　落ち着きのない猿 …… 167

04　フットワークの軽い子守熊 …… 168

05　面倒見のいい黒ひょう …… 169

06　愛情あふれる虎 …… 170

07　全力疾走するチータ …… 171

08　磨き上げられたたぬき …… 172

09　大きな志をもった猿 …… 173

10　母性豊かな子守熊 …… 174

11　正直なこじか …… 175

12　人気者のゾウ …… 176

13　ネアカの狼 …… 177

14　協調性のないひつじ …… 178

15　どっしりとした猿 …… 179

16	コアラのなかの子守熊	180
17	強い意志をもったこじか	181
18	デリケートなゾウ	182
19	放浪の狼	183
20	物静かなひつじ	184
21	落ち着きのあるペガサス	185
22	強靭な翼をもつペガサス	186
23	無邪気なひつじ	187
24	クリエイティブな狼	188
25	穏やかな狼	189
26	粘り強いひつじ	190
27	波乱に満ちたペガサス	191
28	優雅なペガサス	192
29	チャレンジ精神の旺盛なひつじ	193
30	順応性のある狼	194
31	リーダーとなるゾウ	195
32	しっかり者のこじか	196
33	活動的な子守熊	197
34	気分屋の猿	198
35	頼られると嬉しいひつじ	199
36	好感のもたれる狼	200
37	まっしぐらに突き進むゾウ	201
38	華やかなこじか	202
39	夢とロマンの子守熊	203
40	尽くす猿	204
41	大器晩成のたぬき	205
42	足腰の強いチータ	206
43	動きまわる虎	207
44	情熱的な黒ひょう	208
45	サービス精神旺盛な子守熊	209
46	守りの猿	210

47	人間味あふれるたぬき	211
48	品格のあるチータ	212
49	ゆったりとした悠然の虎	213
50	落ち込みの激しい黒ひょう	214
51	我が道を行くライオン	215
52	統率力のあるライオン	216
53	感情豊かな黒ひょう	217
54	楽天的な虎	218
55	パワフルな虎	219
56	気どらない黒ひょう	220
57	感情的なライオン	221
58	傷つきやすいライオン	222
59	束縛を嫌う黒ひょう	223
60	慈悲深い虎	224

講師は見た！　アニマロジー 検証データ ………… 225

もっと教えて！　アニマロジー Q&A ………………… 229

60×60 相性ナビ ……………………………………… 232

あとがき ………………………………………………… 239

参考書籍 ………………………………………………… 243

アニマロジーに興味を持った方へ ………………… 244

Step1

3 classification
【3分類】

アニマロジーの基本は、
MOON・EARTH・SUNの3分類。
この3つのグループの違いを知るだけで
人間関係がとても楽になります。

MOON・EARTH・SUN

アニマロジーでは、価値観や思考回路、行動パターンなどから、人間の個性を「MOON」「EARTH」「SUN」の3グループに分類しています。

宇宙で月・地球・太陽がそれぞれに影響しあい、バランスを取っているように、私たち人間、ひとりひとりもまた、それぞれに影響しあい、全体としてのバランスを取っています。

同じグループ同士は同類で、わかりあえる仲間です。

だからMOONはMOONの人のことは分かるけれど、EARTHやSUNのことはわかりにくい。時には宇宙人のように見えることもある。だから誤解が生じるし、イザコザも起こってしまう。

自分のグループだけでなく、他のグループの考え方や特徴を知ると、今まで「訳わかんないっ！」と理解できなかった人に1歩近づくことができます。それだけで人間関係がよくなります。

MOON　（いい人チーム）

黒ひょう・ひつじ・こじか・たぬき

EARTH　（しっかり者チーム）

狼・猿・虎・子守熊

SUN　（天才チーム）

チータ・ライオン・ゾウ・ペガサス

MOONグループ（いい人チーム）
黒ひょう・ひつじ・こじか・たぬき　全体の約35%

　例えばお店で嫌な思いをしたら友達に電話して「あのお店はやめたほうがいいよ〜」と親切に教えちゃうMOONのみなさん。優しくていい人達ですよね。

　和を大切にしてケンカをしたくないグループで、「世のため人のため」がモットーです。何事も人間関係がすべてで、「いい人かどうか」が意思決定の重要な部分を占めます。

　いい人チームのMOONは「相手軸」で、相手にあわせる優しさがあるから「あなたといるとほっとする」と言われるでしょう。そしてとても話し好きで時間を忘れておしゃべりして、後からあわてたりします（笑）。

　頼まれたら断れないので、面倒を背負い込んでストレスをためてしまうことも。愛情や友情、使命感といった、目に見えないモノに価値を見出す人達です。

　月は形を変えるので、MOONの中でも、目標指向型の黒ひょう・ひつじ（満月）と、状況対応型のこじか・たぬき（新月）に分けられます。

　満月は夜空に輝く月のように人目を引く人が多く、「欠けたくない」という思いが強いため、自分の立場やメンツにこだわります。

　新月は、これからだんだん満ちていって、やがて満月になることがわかっているので、控えめな雰囲気の人が多く、基本、出番待ちの姿勢です。

EARTHグループ（しっかり者チーム）
狼・猿・虎・子守熊　全体の約40%

　貸したお金とあげたお金の区別をきっちりつける人。しかも貸したお金の取り立ては厳しい（笑）。しっかり者のEARTHのみなさん。ムダなく箇条書きで行きましょう！

　現実的で地に足がついている。結果、数字、お金、質、形のあるものを好む。マイペース。あいまいが嫌い。ムダがない。競争して勝利したい。

　昔から、しっかり者のことを「あの人は地に足がついている」といいます。EARTHの人は地球そのものですから、まさにその通り。なんでも現実的に考え、正直者でお世辞が苦手、嘘をつくのが大嫌いです。

　夢の実現を目指す。無理をする。目指すは財産家。時間を大切に使う「自分軸」で、ペースを乱されるとイライラします。

　EARTHのEは「エコロジー」で、ムダを極端に嫌います。時間のムダ、お金のムダ、話のムダ。何事も効率的に進めたいので、ペースを乱されると強いストレスを感じてしまうのです。

　人間関係は本音を言うところからスタートしますが、どうでもいい人には本音を見せません。

ＳＵＮグループ（天才チーム）
チータ・ライオン・ゾウ・ペガサス　全体の約25％

　あなたがいるだけで周囲が明るくなります。さすが天才！　ＳＵＮのみなさんは、太陽のようにみんなを明るく照らします。

　いつも光り輝く中心でいたい。束縛が嫌い。ほめられ好き。すべてお見通し。ムラがある。面倒くさがり。細かいことを気にしない。可能性を信じる。権威、権力が好き。目指すは成功者。

「一を聞いて十を知る」くらい飲み込みは速いので、ＳＵＮの人にくどくどと長い話は禁物です。

　日本だけでなく世界中を照らしているので、ワールドワイドに活躍することも。

　このグループの人はムードメーカーなので、教室や組織にSUNがいないと、盛り上がりに欠けてしまいます。

　ＳＵＮという字には磁石のS極とN極のように「Ｓ」と「Ｎ」という相反する二つの要素があります。だからＳＵＮの人は自分で自分が分からない。不思議ちゃんなんですね。

　束縛される環境に弱いので、管理型社会では窮屈で生きていけません。自由放任主義でのびのびとさせておくと、持ち前のカンとヒラメキを発揮します。とにかく、すごい人たちです！

行動パターンあるある

　3分類の行動パターンはびっくりするほど違います。講座ではもっと詳しくお話しするのですが、その中からいくつかご紹介しましょう。

それぞれの発生比率を知ったときの反応

MOON……全体の35%「よかった平均で」と安心する

EARTH……全体の40%「多数決で勝ったね！」とほくそ笑む

SUN……全体の25%しかいない「選ばれし者だ」と喜ぶ

よく使う言葉

MOON……「なんで」「どうして」「なるほど」「すいません」

EARTH……「うん、わかった」「わかんない」「で、結局何？」

ＳＵＮ……「スゴイ！」「めんどくさい」「絶対！」

お気に入りのお店

MOON……店員さんが優しくてフレンドリーなお店

EARTH……品数豊富で店員さんが話しかけないお店

ＳＵＮ……一流ブランド、超有名店、老舗

来週の月曜日空いてますか？　と聞かれたら

MOON……（その日は空いてないけど）何とかします！

EARTH……（その日は空いてないけど）火曜なら空いてますよ。

ＳＵＮ……ＯＫ～！　（そして当日ドタキャンする場合がある）

電話を掛けたら留守番電話だったとき……

MOON……緊張して喋っているうちに「ピーッ」と鳴って切れる

EARTH……きっちり用件を言って折り返しの電話をお願いする

ＳＵＮ……留守電は入れないし、聞かない

カップ麺の食べ方

MOON……お湯を入れていることを忘れて伸びた麺を食べる

EARTH……きっちり時間を計って、ちょうどいい麺を食べる

ＳＵＮ……３分が待てないので硬めの麺を食べる

３分類の子どもをひとことで言うと

MOON……うっかり

EARTH……しっかり

ＳＵＮ……ちゃっかり

３つの「ム」

MOON……ムダが多い

EARTH……ムリをする

ＳＵＮ……ムラがある

3分類のヒューマンリレーション

　MOON、EARTH、ＳＵＮの力関係には、ある法則があります。それが「じゃんけんの法則」。

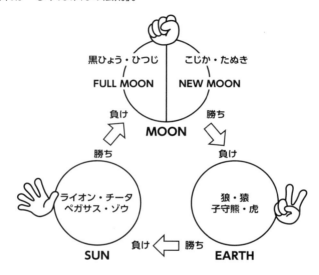

MOONはグー、照らされて光るがんこな「石」。
EARTHはチョキ、紙を切りとり、形を作る「ハサミ」。
SUNはパー、外に光を放散し展開する「紙」。
EARTHはなぜかMOONの言うことを聞いてしまい
MOONはなぜかSUNの言うことを聞いてしまう
そしてSUNはなぜかEARTHの言うことを聞いてしまう
　という「じゃんけん」のような力関係があります。
　だから、例えばEARTHからMOONに頼みごとをするときには、EARTHが直接頼むより、SUNを経由してお願いすると、うまくいきやすいのです。

講師は見た！　アニマロジー検証データ

　私が女優として長年出演していた「家政婦は見た！」は、家政婦がさまざまな家庭の人間模様を目撃するドラマでした。うちの支局の個性心理學講師たちにも、それぞれの目線で調べてもらいたくて検証をお願いしました。

　題して「講師は見た！」それでは、講師劇場をお楽しみください♪

●検証データ●

　保険業界への仕事で会社を経営している講師から、営業活用実例が届きました。

経営者としての社員マネジメントは部署と関係なく、社員の机配置を３分類で分けたら、売り上げが３割上がった！　自分が虎なんで、近くに虎を置いておくのもストレスなくやれた経験あり。
大会社なら別だけど、ベンチャーや中小企業にはおススメです！
　　　　　　　　人財活性コンサルタント 笠原慎也（楽天的な虎）

　私は講演、講座では「アニマロジーを営業に取り入れると、売り上げが３倍上がりますよ！」とお伝えしています。「人間は大きく分けると３つのグループに分かれる」ということを知るだけで、本当にいろんなことに活用できます。クライアントが営業マンを受け入れて、気持ちの良い状態になったら商品が売れる訳ですから。

　MOONの営業マンは、相手の人柄が全てのMOONのお客様のところに行って、とことん自分を気に入ってもらって「どうせ買うな

ら、この人から商品を買いたい♪」と思わせればよいし、EARTHの営業マンは自分と同じEARTHのお客様のところに行って、他の商品と比べていかにこの商品が優れているか、またこの品質でこのお値段は相当お得だと説明。「今買わないと損しますよ」としっかり商品の良さと値段の提示をわかりやすくアピールすればよいし、SUNの営業マンはSUNのお客様のところに行って、いかにこの商品がすばらしいか、ポイントを強調して伝えます。「他では売ってない、スゴい商品です。絶対おススメです。芸能人の○○さんも使ってるんですよ！」と有名人の名前などを出し、1番良いものから勧めればよいのです（ちなみに、EARTHは金額は最初に提示して上から2番目のものから勧めればよいし、MOONは「皆さん、だいたいこの辺を選んでますよ」とじっくり伝え、商品を先に決めてもらってから、金額の提示をします）。

　他にも営業の極意はあるのですが、それは講演・講座などで直接聴いてくださいね。

　今まではどんなお客様に対しても同じ営業をしてきたと思いますが、お客様の個性はバラバラですから、お客様の個性に合わせた営業をしなくては成功率は上がりません。

　例えば、MOONの営業マンが優しい顔をして近づいて「ちょっといいですか？」なんて言いながら、だらだらと長い話で営業してきたら、EARTHとSUNのお客様はたまったもんじゃありません。EARTHはムダな時間、要領を得ない長い話が嫌いです。「で？　結局なにが言いたいの？　商品売りつけたいの？」とイライラしてきます。SUNはEARTHよりももっと長い話は苦痛で聴いてられません（笑）。

　さて、営業から帰ってきて、会社のデスクに座ったとたん、仕事

をする気がなくなった……なんてことはありませんか？　実は会社の席順もとても大切です。

　誰だって好きなタイプ、嫌いなタイプがありますよね。

　師匠を囲んで個性心理學仲間で飲むときも、途中でキャラ別に席替えをします。すると空気ががらり変わり、とても話がはずみ盛り上がります。講演、講座の時も時間があるときは必ず、途中で席替えをします。すると急に一体感が生まれ、空気がピシっと整います。私の一番好きな瞬間です。

　この席替えで空気が変わることを実際に体験しているある社長が、思い切って会社の席順を自分に楽なように変えてみたら大成功！　普段から仲良くしている講師なので話はよく聴いてましたが、見事に変わったと言ってました。自分の近くに好きなキャラの社員を座らせたり、苦手な面倒くさいキャラの人を遠くに座らせたり……いろいろ試したそうです。３つのグループに分けて配置すると社員自身も、自分の近くに同じような性質の人が座っているから話かけやすいし仕事がしやすいでしょうしね。

　３分類のヒューマンリレーションの他にもう少し細かく分けた12分類のヒューマンリレーションというのもあります。これについてはStep3を見てくださいね。

●検証データ●

　アニマロジーがペットにも通用することは以前から知っていましたが、現在、我が家にはペットがおりません。そこで、「ペットの検証ならば、絶対この講師に♪」と、動物を沢山飼っている坂巻講師にお願いしました。彼女の職業は「動物対話士」。動物の気持ちが理解できるので、ペットでもアニマロジーが通用するのか検証しても

らいました。

アニマロジーでは誕生日がわかれば良いわけですから、ペット達の生年月日がわかれば動物達にも当てはめる事ができます。

うちの猫は三つ子ですが長男猫ちゃぴと、次男猫タイガは『こじか』でMOON。数時間違いに産まれた三男猫レオは『ゾウ』でSUN。誕生が数時間違うだけでMOONとSUNに分かれてしまいました。

MOONの子達は控えめで、御飯も他の猫ちゃんに奪われてしまったり、まわりに振り回されてしまう役回り。タイガは他の猫達が誰も見ていない時にこっそりお布団の中に入ってきて、私の胸のあたりに猫ちゃんが甘える時にする「足ふみふみ」をしてきます。でも、その場面を誰かに邪魔されたらすぐやめてしまいます。とても控えめなのです。

一方、SUNのレオはいつも中心でいたい、注目されたい、我が先！と、自分が１番じゃなきゃ嫌だという少しワガママな性格。キレたら１番怖いと言われている『ゾウ』のレオは怒ると本当に手がつけられず、なだめるのに苦労しています(笑)。スタンドプレーも多く、独りで別の部屋で寝ている事も多いです。

双子や三つ子でも性格が変わるというのを自分の家族で知り得る事ができました。このような感じでこの子達とは別に他の飼い猫にも生年月日で見てみたら、「あー、そうそう、こんな性格!!」とあてはまる要素が多く大変面白かったです。

私の友達のペット達を調べてもそれぞれ特徴が当たっていました。誕生日が分かるペットちゃんにはぜひ、アニマロジーをやって戴きたいと思います！　人間の子育てと同じく、しつけの仕方として使

う事もできると思うのです。

動物対話士として、コミュニケーションを取る事（対話、意思疎通）を1番大切にしていますが、生年月日だけで飼い主（クライアント）様とペットちゃんそれぞれの性格、考え方が分かれば互いの譲り所や好きな事が分かり、より素敵な関係になれるのでは？　と思います。それが生年月日だけで簡単に分かる、アニマロジーは最高に役立つツールだと思っています。

動物対話士® 坂巻 里香（尽くす猿）

今、ペットを飼われている方は本当に多いですよね。我が家でも、犬、猫、鳥、ウサギ、ハムスター、金魚、カブトムシ……さまざまな生き物を飼ってきたので、全部さかのぼってキャラを調べたいところなのですが。うちのペットたちは、里親募集のジャンケン争奪で我が家に来たり、飼いきれなくなった人からもらったり……、他は虫や金魚たちだから、ちゃんとした誕生日がわかりませんでした（汗）。なので、ペットに詳しい専門家に検証してもらったのですが、やっぱり充分ペットにも通用したようで良かったです。

ペットといえば家族同然。坂巻さんのように動物と対話できる人なら良いけれど、そうでない人は絶対アニマロジーを使っていただきたい。動物の性格がわかれば、人間と同じでお互いのストレスがぐっと減ると思うからです。人間なら、まだ「会話」ができますが、動物は直接グチをこぼすこともできません。

誰も見てないときに彼女の胸の上に乗って「足ふみふみ」をしてくるタイガちゃん、可愛いですよねぇ。想像するとデレデレしちゃう（笑）。胸の辺りをモミモミと両手で……。それ、うちの仔もよく

してきましたよ♪　甘えん坊でね……。あの仔もこじかちゃんだったのかもなぁ。

　あ、そうそう！　実は、こじかの特徴として、精神性が赤ちゃんなので「おっぱいフェチ」が多いんです。これって人間だけじゃないんですねぇ。いや〜ん、エッチ（笑）。

　動物にもアニマロジーが使えると知った読者のみなさん！　くれぐれも知らない人の前では、「うちのペット、ライオンなのよ」とか、犬の散歩しながら「うちの犬、たぬきなの」なんて言わないようにね。変な人だと思われますから。はははは……（爆笑）。

もっと教えて！　アニマロジーQ&A

Q：気になる人の生年月日が聞き出せません (T_T)
A：いい方法がありますよ♪

　誕生日は聞きやすいですよね。「誕生日いつ？」って聞かれると「なんかプレゼントくれるのかしら？」なんて期待するのか、「８月２日です」なんて、みんなすぐ答えてくれます。

　でも問題は生まれた年。相手のキャラを知るには生年月日が必要なのですが、ストレートに「生年月日いつですか」なんて聞くと、個人情報を聞き出しているみたいでおかしいから、なかなか聞きづらい。

　そこで、誰でもカンタンに「生まれ年を聞き出すコツ」をお教えしましょう！

　「誕生日いつですか？」と聞くと、ほとんどの相手が月日で答えるから、その時がチャンス！　相手が日にちを言い終わるか終わらないかのタイミングで、にこやかに「1900（せんきゅーひゃく）？」って聞くの。

例)「誕生日いつ？」　12月25日です　「1900？」　67年

　　「誕生日いつ？」　4月12日だよ　「1900？」　81年

　という感じで、タイミング良く「1900？」と上の句を言うと、なぜかみんな反射的に「72年」とか「90年」って「下の句」を答えてくれるんですよ（笑）。ほんと不思議。試してみてくださいね。これ2000年代生まれの人には使えないテクニック？　いえいえ。彼らは普通に教えてくれます。まだ若いから。にゃはは♪

生年月日をゲットしたら、さっそく相手の動物キャラを調べましょう。

この本でも調べられますし、スマホでサッと調べられるアプリもあります（10ページにQRコードを載せています）。

Q：双子の場合はどうなるんですか？
A：生まれた時間や性別で「個性」や「運気」の違いが出ます。

双子の出産では、帝王切開を除いてはいっぺんに取り出すことができないので、自然分娩の場合、「2度の出産」とみなします。普通、数分遅れで次の子が生まれますが、ギネスブックによると、一人目と二人目の出産間隔が1ヶ月空いたという記録もあるから驚きです。特に、夜中の出産の場合は0時をまたぎ、双子なのに生まれた日にちが違う場合もありえます。

また、アニマロジーは、私たちが日常使用しているカレンダー（グレゴリオ暦、太陽暦）ではなく「太陰暦」を基本としているので、一般的には馴染みにくいですが、「節日」といわれる日が大きく関わっています。節日に生まれた場合、出生時刻によっては1分違うだけで、まるっきり違うキャラになる場合もありますし、男女の双子だと生涯リズム（一生分の大きな運気）が正反対になります。

Q：自分のキャラがどうもしっくり来ないんですが？
A：理由はいろいろ。

生まれた時間が23時以降じゃないですか？
アニマロジーでは、夜23時で運気が切り替わります。23時以降

に生まれた人は、翌日扱いとされるので、細かく言うと、同じ日の22時59分に生まれた人と23時に生まれた人とでは、全く違うキャラになる場合が多いのです。

　以前、こんなことがありました。私はいつも仕事で共演する役者さんについては事前に誕生日を調べて個性診断カルテをプレゼントしたり、個人的に人間ウォッチングするのですが……はじめて舞台で共演した新人女優Nちゃんは23番の「無邪気なひつじ」のはずなのに、どうも雰囲気が違う。ひつじはみんなと群れるのが好きなキャラなのに、いつも一人だけ別行動してるし、気を遣って「こっちにおいでよ。こっちの方がみんなの芝居が良く観えるよ」と言っても、「いいんです。放っておいてください。こちらから見える景色の方が好きなんで」なんてクールな答えが返ってくる。私は変に思い「Nちゃん、何時に生まれたの？」と聞いたら23時半だったのです。そうなると本質のキャラは24番の「クリエイティブな狼」になります。

　人懐っこい「ひつじ」と、一人が好きな「狼」では大違いですよね（笑）。私は謎が解けて、なるほどと思いました。ただし、23時を過ぎた場合でも、同じ動物キャラが続く場合もあります（運気は別）。キャラがしっくりこない場合は、生まれた時間に左右されることが意外に多いので、生まれた時間は大切です。

「本質」以外の「表面」「意志」「希望」キャラクターが強く表れているのかも

　本書アニマロジーでは、特に「本質」に絞ってお話させてもらってますが、実はひとりの人間には本質キャラの他に表面・意志・希望の3つのキャラクターが隠れています。

本書では説明しきれなかった部分もありますので、詳しく知りたい場合はホワイトタイガー支局のホームページを見てください（巻末にQRコードがあります）。

　本質はその人本来の姿、本当の自分。表面は周囲の人に見せる顔。意志はその人の価値観というか考える基準。そして将来の理想像が希望です。人間は本質を知ってその通りに生きるのがやっぱり幸せになれますし、成功者はみんな自分の本質（本当の自分）をよくご存じです。

　ちなみに私の４つのキャラは、本質＝虎、表面＝狼、意志＝ゾウ、希望＝虎なので、虎キャラ以外の自分もいます。いつも明るく大勢と一緒にいるイメージがある私ですが、本当はひとりで自宅にこもってじっとしているのも大好きだし、ゾウのように耳をふさいで人の話を聞かない時もあります（笑）。キャラクターの特徴については後の方で説明しますが、目標指向型のキャラが３つ、状況対応型が１つ。基本的には、目標を立てて前に進むのが大好きですが、芸能界に40年近くも細く長くいると、その場その場で状況に対応する力がないとやっていけません。そんな時、唯一状況対応型のゾウが前面に出て頑張ってくれている気がします。

　私の場合、未来展望型のキャラが２つ、過去回想型のキャラが２つ。通常本質が強く出るので、アニマロジーを学ぶまでは、完全に過去をひきずって後悔する日々を送っていましたが、最近の私は過去は過去と割り切って「過去の経験を活かして、これからは未来に生きていくぞ！」という気持ちに変わっています。

　根底は、本質のまじめな虎であることには間違いないのですが、自分が心地よいキャラになって日々を過ごすのもアリかな♪　って思って、ウキウキワクワクしている今日この頃です。

本質は大事だけど、それ以外の自分もいることを感じてください。ときには、いろんな自分であっていいんです。こうやっていろんな角度で自分を見ていくと新しい発見があって面白いですよ。

そう思ってるのは、あなただけかも？

「自分のことは、自分が一番良く知っている」と言われますが、意外に良くわかってないことも多いです。試しに、自分のキャラの特徴を家族やお友達の前で読んでみてください。自分は全然違うと思ってるのに、みんなからは「わぁ！　当たってるね。その通りじゃん」なんて言われるかもしれません。

Q：生まれた日と戸籍上の出生日が違う場合は？
A：生まれた日が優先です。

アニマロジーは、「オギャー」と生まれた瞬間の天体の位置関係で全てが決まるので、あなたの本当の生まれた日、時間が一番大切です。違う誕生日で届け出がされている場合は戸籍上ではなく「本当の生まれた日」で出してください。

しかし、自宅出産でバタバタして時間が間違っていたり、すでにご両親が亡くなっていたりなどで「自分の本当の誕生日や生まれた時間がわからない」と言う人も少なくありません。

ふたつの誕生日で迷っている場合は、どちらが自分らしいか両方を調べてみるのもおすすめです。

Q：外国生まれですが、調べ方は同じ？
A：現地時間で計算します。

個性心理學は現在世界14ヶ国で紹介されていますが、どの国でも現地時間で計算していただいています。

　外国生まれなら、生活しているその国の時間で計算します。

　でもご両親の転勤などで、生まれた直後に国を移動する場合もありえますよね。

　例えば、日本で生まれて10歳から海外生活をしているという場合は、生まれたのは日本なので、日本時間の誕生日で自分のキャラを割り出します。その後、海外で生活している場合は、そのキャラは変わりませんが、運気は現地での生活時間に合わせてみていきます。

Q：まったく同じ日時に生まれたら同じ性格・同じ運命になるの？
A：診断は同じ結果になりますが、環境が違います。

　地球上には、まったく同じ日、同じ瞬間に生まれた人もいるでしょうね。

　そういう場合、同じ性格・運命になるかというと、実は違います。だって親も育つ環境も違うんだから当たり前ですよね。特に小さいときは親の影響を強く受けます。

　例えば、いくら誕生の日時が同じでも、両親が経済的に困窮していて欲しいモノをがまんしながら育った子と、大金持ちの両親の元で何不自由なく育った子では、スタートから環境が違いすぎます。この場合、親の影響で着る服も、付き合う人も、入る学校も就職先なども当然違ってくるでしょう。同じ日時に産声を上げたとしても、まったく違う生活ですから、雰囲気も違ってきますよね。

　またおっとりした優しいイメージのMOONの子どもが、しっか

り者のEARTHの両親に口うるさく育てられたら、本来のＭＯＯＮとは違う考え方をする子に育つ場合もあります。

　ただし環境が違っても診断結果は個人が持つ基本的な性格と運気のリズムですから、本人が結果を見たら「なるほど」とうなずき「当たってる！」と言います。

Step2

12 classification
【12分類】

続いて12分類の動物それぞれの
キャラクターについて解説します。
気になる「あの人」への接し方を知れば、
相手はあなたの手のひらでコロコロ♪
恋愛も、仕事も、子育ても楽勝モードです。

12分類のキャラクター

　アニマロジーのベースのひとつにもなっている四柱推命には、人の特徴を人間の成長過程に置き換える12星運という理論があります。

これをもとに、アニマロジーでは12のキャラクターの特徴を人間の成長過程に置き換えています。

　例えば、猿のキャラクターは小学生。年をとっても小学生みたいに天真爛漫で、明るい雰囲気を持っている人たちなんですよ。

　次のページから、それぞれのキャラクターについて解説しましょう♪

狼　WOLF
EARTH／未来展望型／目標指向型／右脳型

孤高のロンリーウルフ

　ひとりでいるのが楽な狼さん。こびない、群れない、ロンリーウルフ。

何でも人と違うことを指摘されるのが無上の喜びで、ちょっとあまのじゃくなところも。何事もじっくり考えるタイプなので臨機応変な対応は苦手です。

　メモ魔が多いのが特徴。

●特徴

一人だけの時間と空間が好き。

ペースを乱されるのが大嫌い。

言葉足らずのところがある。

歩くのが苦にならない。

いちいち書き留めるメモ魔。

人まねが嫌い。

時系列の記憶力が高い。

「変わってるね」は、ほめ言葉。

つまり……ゴーイングマイウェイ

人間関係：個性を認め、適度な距離感を認めてくれる人と仲良くなれます。

ひとことアドバイス：常に単独行動が多いので「ぶっきらぼう」「感じ悪い」と誤解されがち。言葉足らずなところがあるので気をつけてね。

LOVE：オクテですが、何か？
恋愛には慎重。周囲から反対されると燃える特性あり。深い関係にならないと心は絶対開かない。

HEALTH：寝不足は無理
睡眠不足はＮＧ。しっかり寝てくださいねー。

おすすめリラックス法
真っ暗にしたお部屋の中でキャンドルを灯すこと。ひとりのんびり、ゆらゆら揺れるあかりをぼんやり見つめていると、気持ちがホッとします。

DIET：１人がラクな狼さんはダイエットも自分流がGOOD。１ヶ月後を目標に１人でじっくり取り組みましょう。狼は食事が不規則になりやすいので、ダイエット期間は外食を避けてカロリーも抑えるようにしてね。

MONEY：無駄遣いしません
ケチではないけど、ムダ遣いなし。使うときはドカンと使う。

WEAK POINT：不器用

特に「想定外」に超弱い。ペースを乱されるとパニクる。

開運のカギ：ひとつにかける

好きなモノ・コトにとことん打ち込むのが◎。

イメージカラー：シルバー、紫。

ラッキーアイテム：時計、地図、辞書。

その気になるコトバ：「変わってるね」

「変人くん」「不思議ちゃん」でなぜか喜ぶ。

嫌いな人：煮え切らない態度の人、はっきりしない人、言うことがコロコロ変わる人。

子育て：個性に注目

ママ：子どもが生まれたとたん、愛情の対象が夫から子どもに転換。自分の子育ての理想像に沿った子に育てたいと考えがちです。

パパ：家族を大切に仕事に打ち込むパパ。子どもの自立を望み、時々厳しいこともありますが、子どもの人間性も尊重します。

キッズ：周囲にあわせて行動するのが苦手、自分のペースを守ります。「早くしなさい」と言われるのが苦手。

ビジネス：個性的な孤高の存在

協調性のなさが問題視されることも。

適職：マイペースでできる専門職がおすすめ

会計士、行政書士、プログラマー、ドライバー。

狼さんから見た恋愛の相性

狼：マイペース同士でお互いに放置プレイ。でもきっと心の友になれるよ。

こじか：依存心の強いこじかはクールな狼にとってうっとおしいことも。距離感を意識して。

猿：ワイワイ楽しそうな猿の姿を見ていると、クールな狼は癒やされます。恋人に◎。

チータ：目立ちたがり屋のチータは狼にとって目障り。ケンカしがちな仲。

黒ひょう：共通点はプライドの高さ。狼がセンスアップすれば恋人になれるかも。

ライオン：百獣の王と一匹狼。個性を認め合えれば発展する可能性は大。

虎：律儀で誠実な者同士、わかり合える。距離感のあるお付き合いがおすすめ。

たぬき：ハートフルなたぬきを見ていると狼の心もほんわか。結婚に最適なお相手。

子守熊：長期的視点で考える同士、共感はしますが恋には発展しにくいかも。

ゾウ：ひとり努力する狼を心配性のゾウが応援する構図。友人ならOK。

ひつじ：団体行動をしたいひつじとロンリーウルフは行動パターンが真逆。理解し合えれば◎。

ペガサス：自由人のペガサスと、自分流の狼。仲良しのお茶のみ友達としてならGOOD。

こじか　FAWN
MOON／未来展望型／状況対応型／右脳型

甘えん坊でキュートなこじかちゃん

　鹿じゃなくてこじかちゃん。１２キャラ中で唯一の子ども、というより赤ちゃんかな。赤ちゃんだから好奇心旺盛で甘えん坊、身近な人に頼ります。

　ハグも大好き。構ってくれないと拗ねちゃいます。ピュアなので、動物や小さな子に好かれるという特徴あり。

●特徴
好奇心が旺盛、知りたがり。
初対面では警戒しちゃう。
親しくなるとワガママな面が。
相手の「人柄」がすべて。
好き嫌いはかなり激しいほう。
愛情の確認ができないとすっごく不安。
食べ物の安全性・添加物が気になる。
行動範囲が限定されている。
つまり……甘えん坊♡

人間関係：いつもニコニコ八方美人。人の気持ちを察するのが得意です。

ひとことアドバイス：心を許した相手には依存し、そうでない他人はとことん排除するこじかさん。子どもっぽい意地悪はやめましょう。

LOVE：いつも一緒がいいんだもん

スキンシップ大好き。恋人とはいつもくっついていたいので、女子なら「私と仕事とどっちが大事なの？」と彼氏を困らせます。騙されやすいところがあるので気をつけて。

HEALTH：ベジタリアンの自然派

飲み物や食べ物の添加物が気になり、普通の人より詳しいはず。

おすすめリラックス法

おすすめのリラックスアイテムはアロマオイル。マッサージオイルとして利用するのもいいですね。香りによって効能が違うので気分でチョイスして。

DIET：添加物や食品情報が気になるこじかさんは、安全なダイエット食品を見つけてはいかが？　健康補助食品もうまく使ってみてね。食事を健康食に変えて、玄米＋雑穀のご飯にして、よく噛んで食べるのもOK。

MONEY：誰かにおまかせ

お金の計算も人まかせ。でも困ったら必ず誰かが助けてくれる。

WEAK POINT：ひとりが苦手

いつも笑顔だけど小心。周囲からちょっと冷たくされると、もう立ち直れない。

開運のカギ：愛情第一主義

何ごとも"愛情"があなたの人生を変える。

イメージカラー：オレンジ、黄緑。

ラッキーアイテム：ぬいぐるみ、花、オーガニック系商品。

その気になるコトバ：「いつでも味方だよ」

愛と絆をアピールすると安心する。

嫌いな人：自分をかまってくれない人、乱暴な人、嘘をつく人。

子育て：子どもが世界の中心

ママ：子どもが世界の中心。自分を犠牲にして子育てに没頭します。ママ友との付き合いで気を遣いすぎてストレスになることも。

パパ：子どもが中心の生活に。マイホームパパなだけに、断れない。仕事上の付き合いが続くとストレスを感じてしまいます。

キッズ：親しくなるまでは心を開かない慎重派で内弁慶。「自分は愛されているんだ」と実感させることが大事。

ビジネス：優しさが求められる仕事向き

与えられた仕事をこつこつこなす真面目さと、気配りで評価は◎。

適職: 保育士、小学校教諭、ペット関連、飲食店。

こじかさんから見た恋愛の相性

狼：クールな狼にとって依存心の強いこじかはうっとおしいことも。狼が理解してくれれば◎。

こじか：依存したい同士でベタベタ。ラブラブだったりケンカしたり、密接な関係に。

猿：元気で明るい猿と甘えん坊のこじか。じっくり型のこじかがストレスを抱えるかも。

チータ：派手なチータに構ってもらってこじかが胸キュン。いつの間にか恋人同士に。

黒ひょう：親切な黒ひょうにこじかは安心感を抱きます。心が通じやすい仲。

ライオン：威張るライオンと甘えるこじか。反対の個性だからこそ上手くいく２人です。

虎：世話好きな虎に甘えすぎると、虎が一気に冷めてしまうことも。ワガママはほどほどに。

たぬき：ほんわかとした雰囲気でこじかを笑わせてくれるたぬき。でも「いい人」で終わりそう。

子守熊：疑い深い子守熊はこじかの純粋さにキュンキュン。結婚に最適の相性。

ゾウ：頼もしいゾウと愛らしいこじか。守ってくれるゾウにペースを合わせられるなら◎。

ひつじ：孤独が苦手同士、仲良くできる。ひつじの現実感覚にこじかがついていけないかも。

ペガサス：自由が大事なペガサスと、愛＝束縛のこじか。ある程度の距離感が必要です。

猿　MONKEY
EARTH／未来展望型／目標指向型／左脳型

ラッキーハッピーファンキーモンキー

　手足が器用で細かいことにもよく気がつくお猿さんですが、ちょっぴり落ち着きがなく早とちり＆飽きっぽいところが玉にキズ（笑）。

　負けず嫌いで、なんでもゲーム感覚で楽しむのがお猿さん流。

　ほめられるのが大好きです。

●特徴

小さいことによく気がつく。

ほめられたくて頑張っちゃう。

いつもチョコマカ落ち着きがない。

信じやすく、だまされやすい。

目的・指示が明確でないと動けない。

手先がとても器用。

短期決戦！

人のマネをするのが上手。

つまり……楽しい人♪

人間関係：気さくで陽気なのですぐに友達ができます。競争心はほどほどに。

ひとことアドバイス：明るくて楽しいのはいいけれど、なれなれしいことも。親しき仲にも礼儀ありですよ。

LOVE：恋って楽しいよね！

恋愛もゲーム感覚でエンジョイ。プチ浮気OK。デートもHも回数が愛情のバロメーターと考えます。

HEALTH：生傷が絶えない

転んでキズ、ぶつけてアザ、いい歳して鼻血。まあ落ち着け。

おすすめリラックス法

お笑い番組などを見ながら、たくさん笑ってリラックス。笑えない気分なら、口角をあげるだけでもOK。

DIET：楽しいことが大好きな猿はダイエットもゲーム感覚で。みんなに「今日からダイエットします！」と宣言したり。対戦型スポーツで楽しみながらのダイエットがおすすめ。運動の後にお菓子とか食べないでね(笑)。

MONEY：小銭コレクター

小銭大好きで、商才あり。博打は苦手でコツコツ貯める。

WEAK POINT：甘い見通し

「なんとかなるさ」と思っているが、なんとかならないことも。

開運のカギ：エンジョイ

人生そのものをエンジョイしてみましょう。

イメージカラー：黒、赤。

ラッキーアイテム：キーホルダー、お菓子、スニーカー。

その気になるコトバ：「一緒だと楽しい〜！」

どんなほめ言葉でも、ほめられるほど張り切る。

嫌いな人：勝負やチャレンジをしない人、面白みのない人。

子育て：夫婦で楽しみながら育てる

ママ：育児本で勉強しながら、平均以上の子どもに育てようとします。サバサバした性格なので子どもが成長すると友達感覚に。

パパ：ゲーム感覚で子育てを楽しむ。アウトドアのプランを立てるのが好き。夫婦間では役割分担をきちんと決めたがります。

キッズ：何でも短期間でこなす器用さがありますが、おっちょこちょいなところも。ほめればほめるだけ伸びるタイプ。

ビジネス：商売人の才覚あり

手先が器用で愛嬌がありますが、早とちりと飽きっぽさが玉にキズ。

適職：サービス業、歯科医師、寿司職人、パティシエ、ゲームクリエーター。

猿さんから見た恋愛の相性

狼：クールな狼に猿は新鮮な魅力を感じます。狼も猿に癒やされて、結婚も考えていい相性。

こじか：じっくり型のこじかに猿はイライラ……ケンカは多いけど仲のよい不思議な相性。

猿：同じ場所に盛り上げ役が2人いると微妙な空気に……ちょっと距離を置いたほうが◎。

チータ：陽気で突っ走るチータの話を猿は楽しく聞けます。仲のよい同僚といったところ。

黒ひょう：センスある黒ひょうは猿の憧れ。黒ひょうは猿のまめさに癒やされ、相性◎。

ライオン：都合が悪いところは見ないライオンと細かい部分にこだわる猿。すれ違いが多いかも。

虎：ひろく全体を見渡す虎と、細部に目が行く猿はお互いを補い合える相手。

たぬき：ゆったりとしたたぬきに、せっかちな猿。ペースが合わないかも。

子守熊：ロマンチストな子守熊に現実的な猿はびっくり。友達として◎。

ゾウ：普段はワガママなゾウですが、猿が主導権を握ると結婚相手に最適。

ひつじ：人に気を遣うところと仲間意識の強さが共通点。ナイスなコンビです。

ペガサス：猿にはペガサスが理解できませんが、猿が主導権を握ればうまくいきます。

チータ　CHEETAH

SUN／未来展望型／状況対応型／左脳型

瞬発力バツグン、華麗なハンター

　陸上動物で最も足の速いチータさんはスタートダッシュが勝負です。成功願望が強く、好奇心、冒険心が旺盛。

　でも「ムリ」と思ったら諦めるのも早い。「これだけはやめて」といわれると、絶対にやってしまうタイプ。焼き肉が大好きです。

●特徴

成功願望が強い。

好奇心旺盛、新製品が大好き。

チャレンジするが諦めやすい。

話も態度も、かなりデカい。

マイナス面が見えない超プラス思考。

人前で恥をかくのが嫌い。

大きな数字に強い、小さな数字は気にしない。

焼き肉大好き♡

つまり……スピード命。

人間関係：基本的に社交上手ですが、たまにムキになりすぎてしまうことも。

ひとことアドバイス：早とちりとカンチガイでズバズバ直言。飽きっぽさはほどほどに、人の話は最後までちゃんと聞いてね。

LOVE：華麗な恋のハンター

12キャラ中ナンバー1の恋愛体質で恋のハンター。手も早いが諦めも早く、すぐに次に行っちゃう。

HEALTH：タフな足回り

ストレスが溜まりやすい体質なので、適度に発散を。

おすすめリラックス法

疲れたらセルフマッサージ。たくさんのツボがある頭皮をよく揉みほぐして頭がスッキリ。ご夫婦や恋人同士でやりあうと、さらに気持ちいいですよ。

DIET：すぐに結果が出るダイエットがおすすめ。ボクササイズなどハードな運動とか、3泊4日のダイエット合宿とか、短期集中でいきましょう。大好きなお肉は夜食べるとアルコールやご飯も進んでしまうから朝や昼にどうぞ。

MONEY：金は天下の回り物

見栄や衝動で散財しちゃう。なのにどこまでも楽天的。

WEAK POINT：飽きっぽい

新しいモノに飛びつき飽きたらポイ。

開運のカギ：ラブラブ状態

恋がうまくいっていれば、すべてうまくいく。

その気になるコトバ：「あなたなら成功する」

世界で一番好きな言葉は「成功」。

嫌いな人：センスのない人、とろい人、決断力のない人。

イメージカラー：ヒョウ柄、ゴールド。

ラッキーアイテム：外国製の石鹸、アダルト雑誌。

子育て：期待しすぎに注意

ママ：自分ができなかったことを全部子どもにさせたいと熱心に習い事に通わせますが、長続きしないのが難点。おしゃれママです。

パパ：子どもが生まれても自分中心は直らず、忙しいときは知らん顔。将来スポーツ選手にしたがります。

キッズ：思いついたら即行動。活発な子どもですが内面はナイーブなところも。競争心を刺激するとやる気がアップ。

ビジネス：頭の回転も仕事も速いマルチプレイヤー。古いしきたりは苦手かも。

適職：チャレンジ＝やり甲斐。

外交官、タレント、政治家、マスコミ関係、セールスマン。

チータさんから見た恋愛の相性

狼：物静かな狼にとって目立ちたがり屋のチータは目障り。ケンカしがちな仲。

こじか：構ってもらいたがりのこじかに構いたいチータ。いつの間にか恋人同士に。

猿：ポジティブ思考同士で盛り上がります。ケンカしてもさっぱり仲直り。恋には発展しにくい。

チータ：プライドが高く自分が一番で、同じような相手がいるのはがまんできません。距離を置いて。

黒ひょう：影に生きる黒ひょうと、明るいチータ。対照的で惹かれますが、どこかかみ合いません。

ライオン：ワガママ同士でケンカも多いけど仲がよいときは幸せいっぱい。恋人として◎。

虎：自信たっぷりな虎にとってチータは元気でカワイイと映ります。いい仲間になれそう。

たぬき：のんびりたぬきとスピード命のチータ。かみ合わないけど、なぜか恋人になりやすい。

子守熊：どちらも恋愛が大好きで手が早いタイプ。考えが上手くかみ合えば結婚も。

ゾウ：ナンバーワンを目指す同士、互いにプライドが高くぶつかることが多そうです。

ひつじ：穏やかなひつじは無謀なチャレンジャーのチータを優しく癒やしてくれます。結婚も◎。

ペガサス：ペガサスの感性に最先端好きのチータが刺激を受けて電撃的に恋が始まることも。

```
┌─────────────────────────────────────────┐
│                                         │
│   黒ひょう　BLACK PANTHER                 │
│   MOON／未来展望型／目標指向型／左脳型        │
│                                         │
└─────────────────────────────────────────┘
```

最先端を走るブラックパンサー

　オシャレでスタイリッシュ、新製品、新情報に飛びつきます。「ま
だ誰も知らない」「誰も持ってない」ものに興味津々。自分の話をす
るのが大好き。

　黒ひょうさんはまたの名を「苦労性」というくらい「こうなったら
どうしよう……」なんて悩んでストレスを溜めることが多いのも特
徴かな。

●特徴

メンツやプライドにこだわる。

リーダーになりたがる。

新しいモノに飛びつく。

攻撃的だけど諦めやすい。

感情がすべて顔に出る。

モノトーン（白・黒）が好き。

気遣ってもらえると上機嫌に。

おしゃれでスマートな自分が好き。

つまり……いつでも最先端。

人間関係：社交的で付き合い上手。感情にムラがあるけど愛されキャラ。

ひとことアドバイス：自分大好き、新しいモノ大好き、仕切るの大好き……わかるけど、人によっては「わずらわしい」と思われてますよ。

LOVE：面食いだが押しに弱い

ルックスも大事（結婚は別）。なのに、相手から強く押されると同情から恋愛に発展してしまうことも。

HEALTH：皮膚は内臓の鏡

過労に要注意。心身の不調が肌に出やすい。

おすすめリラックス法

大きく深呼吸・腹式呼吸。身体の力を抜いて口からゆっくり息を吐ききる。吸うときはお腹を膨らませるようにして、一気に鼻から。気分が落ち着くまで何度も繰り返して。

DIET：まだ誰も知らないような最新鋭のマシーンを使った即効性のある最新ダイエットがいいわ。ストレスはダイエットの大敵。食事を抜いたりドカ食いしたりなんていう悪循環に陥らないように注意してね。

MONEY：いつの間にかない

新製品やファッションに目がないうえ、人にも気前よく奢る。

WEAK POINT：怒られ下手

怒られることに耐えられないプライドの高さがネック。

開運のカギ：師に出会う

よき師と出会えば、人生が大きく豊かになる。

その気になるコトバ：「センスいいね」

とにかくセンスを褒められたい人。

嫌いな人：かっこ悪い人、情報にうとい人、ルーズな人。

イメージカラー：白、黒。

ラッキーアイテム：トイカメラ、音楽、ボディローション。

子育て：オシャレな子育て

ママ：最新情報を駆使してかっこいい子育てをしますが、たまに情報に振り回されて方向性を見失ってしまうことも。

パパ：子どもにとっても自分が一番でないと気がすまないので、積極的に子どもにアピール。子育てに関して妻との口論も。

キッズ：おしゃれにこだわり、趣味が合わない服は拒否。スタイリッシュに生きています。プライドを大切にしてあげて。

ビジネス：きちんとこなすので任せて安心。表現力や企画力もあり

適職：カタカナ業界でキラリ★

デザイナー、マスコミ関係、スタイリスト、企業コンサルタント、エステティシャン。

黒ひょうさんから見た恋愛の相性

狼：共通点はプライドの高さとマイペース。狼のセンスを許せれば恋人になれるかも。

こじか：愛されたいこじかは面倒見のよい黒ひょうに安心感を抱きます。頼り頼られる仲。

猿：猿のまめな心遣いに癒やされます。猿にとって黒ひょうのかっこよさは憧れ。相性◎。

チータ：新しいモノ好きという共通点あり。ネガティブな黒ひょうを補ってくれる存在。親友に。

黒ひょう：お互いに理解し合えるけれど、自己主張が激しい同士なのでぶつかることも。

ライオン：心を許した相手に甘えるライオンに黒ひょうはメロメロ。でも一方通行になりがち。

虎：しっかり者の虎が不安定な黒ひょうをサポート。気を遣わなくていいので、恋人に最適。

たぬき：ほのぼのキャラのたぬきに惹かれる黒ひょう。でも「面倒な人」と思われてしまいそう。

子守熊：夢見がちという共通点があり、相性はいいのですが、子守熊の浮気癖がネックに。

ゾウ：職人肌のゾウとセンスの黒ひょうのコラボは◎。一途な気持ちで助け合います。

ひつじ：感情的に衝突しやすいペア。情報通で情にあついという共通点はありますが難しいかも。

ペガサス：どちらもスタイリッシュで格好いい。周囲が羨む素敵な夫婦になれるふたり。

ライオン　LION
SUN／過去回想型／状況対応型／左脳型

誇り高き百獣の王

　礼儀や礼節に厳しく、プライドの高さは天下一品のライオン様。

　服装もいつもキチンとしていて、まさに「百獣の王ライオン」の風格たっぷり。他人に厳しく自分に甘く、オレ様系。心を許した相手にはゴロにゃんと甘えてきます。

●特徴

こだわるときは徹底的に。

教え方がスパルタ。

他人の細かいところに気付く。

礼儀にうるさい。

世間体を気にしている。

絶対に弱音を吐かない。

王様・女王様扱いでゴキゲン。

実は甘えん坊。

つまり……ナンバーワン。

人間関係：正義派のリーダー。頼りがいがありますが、自己中心的で厳しすぎかも。

ひとことアドバイス：ライオン様は自分以外の人間に厳しすぎると評判です。感謝の気持ちを持たないと、みんな逃げ出しちゃうよ。

LOVE：恋＝支配、愛＝独占
異性に囲まれたハーレム状態が理想。Hは男女ともに相当なツワモノ。実は甘えたい年上好き。

HEALTH：スポーツで体調管理
疲れが関節、筋肉系にきやすい。ストレッチしてね。

おすすめリラックス法
思い切り着飾っておしゃれを楽しむこと。みんなに「すごいね、綺麗だね」と言われることを想像して、洋服やアクセサリーをコーディネートして自分の演出を楽しむのも◎。

DIET：ライオン様のダイエットはゴージャスにデリシャスに優雅に、みんなから「素敵」と言われる姿を想像しましょう。お金は少々かかっても自分は寝てるだけのエステで女王様気分を味わうのもいいかもね。

MONEY：お釣りはいいわ
細かい計算に興味なし。欲しいものがあれば貯金もできる。

WEAK POINT：ワンマン
自己中で他人に厳しいので、なんだかんだ敵が多い。

開運のカギ：みんなに伝える

情報も知識も惜しみなく伝えると世界が広がる。

その気になるコトバ：「あなたは特別な人」

王侯貴族やセレブのように扱えばゴキゲン。

嫌いな人：品のない人、常識のない人、ズルをする人。

イメージカラー：ゴールド、赤。

ラッキーアイテム：ブランド物のチャーム、香りのいい入浴剤、上質なシャンプー。

子育て：指導が厳しめ

ママ：わが子を谷に落とす獅子のように厳しい母親。完璧を目指すので妥協をしません。特に礼儀作法は厳しくしつけます。

パパ：常に一流を目指す厳しい教育者です。でも内心は母親を子どもに独占されるのはイヤ。自分が甘えたいのです。

キッズ：真面目で礼儀正しくリーダーシップもある生徒会長タイプの優等生。でも内面は甘えん坊のところがあります。

ビジネス：目上からかわいがられ、目下から慕われるが周囲を振り回す傾向あり。

適職：ワンマンを活かす

外資系企業、商社、政治家、警察官、インストラクター、国家公務員。

ライオンさんから見た恋愛の相性

狼：一匹狼と百獣の王。個性を認め合えれば発展する可能性大。結婚に最適。

こじか：甘えじょうずなこじかと威張りたいライオン。反対だからこそ上手くいくふたりです。

猿：細かい部分が気になる猿と都合が悪いところは見ないライオン。すれ違いが多い相性。

チータ：ワガママ同士でケンカも多いけどプラス思考のチータとは恋人として相性が最高。

黒ひょう：格好いいけど内心気弱な黒ひょうはライオンの優雅さに惹かれますが、恋にはなりにくい関係。

ライオン：考え方が同じなので気は合うのですが、自分が一番偉いため距離を置いて遠くから見る関係に。

虎：それぞれ別の王国を治める王様同士。親戚のような付き合いになりそう。

たぬき：ライオンのワガママに柔軟に対応してくれるたぬき。きょうだいのような恋人のような関係に。

子守熊：おだて上手でしたたかな子守熊に王様キャラのライオンは片思い。手玉にとられるかも。

ゾウ：華やかさはないけれど一途に思ってくれるゾウに、やがてライオンもなびいて恋人関係に。

ひつじ：大人しいひつじがライオンのワガママを許せるならば最高の相性。結婚してもラブラブのふたり。

ペガサス：空想の世界に生きるペガサスと大風呂敷を広げるライオン。気が合うけど結婚には不向き。

虎　TIGER

EARTH／過去回想型／目標指向型／左脳型

頼れる親分＆姉御

　バランス感覚バツグンで、何でもそつなくこなす親分＆姉御肌の
リーダータイプ。誰に対しても動じず、同じ対応をします。

　とにかくムダが嫌いで、話のムダ、お金のムダ、時間のムダには
イライラ。虎さんには独特の風格があります。

●特徴

自由・平等・博愛主義。

即断即決をしない。

悠然とした独特の雰囲気。

気付かないけど実は計算高い。

笑いながらキツい一言を言う。

器用貧乏だったりする。

バランス感覚がすごくいい。

カラフルなファッション。

つまり……頼れる人。

人間関係：誠実で人に尽くす博愛主義者。面倒見がよく好かれるタイプ。

ひとことアドバイス: リラックスが苦手で神経質なところが。人の言い方をいちいち気にしてカチンと来るクセを何とかしようね。

LOVE：気持ちより身体が先

相手に本当の恋愛感情を抱くのはHの後。恋愛欲も性欲も強いけど、愛と性の空白期間があります。

HEALTH：バランスを意識して

何事も頑張り屋さんで無理をするタイプ。適度に休息を。

おすすめリラックス法

スポーツで発散。アミノ酸を取り入れてね。汗のかき方が全然ちがいます。後は脳のオーバーヒートを防ぎ、疲れを取り除く働きがある「大豆ペプチド配合食品」もいいかも。

DIET：やると決めたら徹底的にやる虎さん。まずは大きな鏡で全身を把握して「何キロ痩せる！」とか「何センチ減らす！」とか目標を決めて頑張りましょう。基本、エネルギーが有り余ってるので運動するダイエットがおすすめです。

MONEY：お金、大事♡

金銭感覚はバツグン。出し惜しみもムダ遣いもなし。

WEAK POINT：怒りんぼ

カッとなったら相手を選ばず平等にケンカ。

開運のカギ：逆境を逆手に

逆境こそがあなたのパワーや知性を育てる。

その気になるコトバ：「あなたにしか相談できない」

頼りにされると張り切る性質をうまく利用して。

嫌いな人：約束を守らない人、無駄の多い人、誠意が感じられない人。

イメージカラー：ゴールド、黒。

ラッキーアイテム：サングラス、カラフルな色のネイル、リップ。

子育て：パワフルに両立

ママ：子育てと仕事をうまく両立。ママ友からも頼られ、他人の子どもを叱ることも。仕事と子育てのバランスが崩れるとイライラ。

パパ：正義や真実を重んじる父親。平日は仕事にパワフルに励む熱血パパ、週末は家族中心の優しい父親です。

キッズ：いわゆる大器晩成。子どものうちは地味で目立たないけれど人望は厚いほう。急かさずゆったり育てましょう。

ビジネス：バランス感覚があり器用なので仕事はデキる。自分が正しいという思い込みに注意。

適職：どこでもリーダーになる

金融関係、税理士、企業経営、不動産業、インテリア関係、プロスポーツ選手。

虎さんから見た恋愛の相性

狼：律儀で誠実な者同士、わかり合える。距離感のあるお付き合いがおすすめ。

こじか：頼りないこじかを放っておけないしっかり者の虎。何かと面倒を見てあげる関係。

猿：細部に目が行く猿とひろく全体を見渡す虎は、お互いを補い合えるいい相手。

チータ：せっかちなチータは虎にとってなんだか信頼できない存在。恋には発展しにくい。

黒ひょう：黒ひょうにとってどっしりした虎は憧れの存在。キツい言葉に気をつけて。

ライオン：それぞれ別の王国を治める王様同士。虎はライオンのヘルプに回りがち。

虎：親分・姉御同士、ライバルでありつつ尊敬できる間柄。恋は主導権争いになりがち。

たぬき：互いにいい人だとは思いつつ、たぬき相手では主導権が握れずストレスに。

子守熊：スローペースの子守熊はいつも気を張っている虎を癒やしてくれる存在。恋人に◎。

ゾウ：無骨なゾウの行動にイライラ。注意しても感謝されるだけでゾウには響きません。

ひつじ：人のために頑張るひつじ。虎は気になりますが、ただのグチ聞き役になりそう。

ペガサス：どこまでも自由人のペガサス。虎が相手を束縛しなければベストカップル。

たぬき　TANUKI
MOON／過去回想型／状況対応型／左脳型

和ませの達人

　愛する天然ボケキャラのたぬきさん。「はい！わかりました」と返事は良いけれど、そば屋の出前と同じで、催促をすると「今やろうと思っていたの」と言い訳をします。

　麺類はすべて好き、和食も大好きで年配者にかわいがられるのも特徴です。

●**特徴**

経験と実績を重んじる。

古いモノ、究極のお宝に弱い。

根拠のない自信がある。

天然ボケの人が多い。

こじつけや語呂合わせが好き。

行きつけのお店以外行かない。

他人の話を自分の話にすり替える。

おそばが大好き。

つまり……伝統を愛する人。

人間関係：気配り上手で順応性バツグン。古風な価値観も信頼されます。

ひとことアドバイス: 天然ボケの愛されキャラだけど、ボケボケしすぎて忘れ物が多いのが玉にキズ。きちんと確認しようね。

LOVE：好きな人は、好きになってくれた人。

恋愛はいつだって「結婚が大前提」。昔ながらの日本男子と大和撫子です。でも、好きになられると弱いので、断り切れずに流されて付き合うことも。

HEALTH：冷えは万病のもと

泌尿器系、自律神経系の疾患に注意。

おすすめリラックス法

お香を焚いてリラックス。香りはもちろん、立ち上る煙を見るのもリラックスできますね。安眠効果には、ひのき。イライラを鎮めるにはヨモギ。気分を明るくするにはジャスミンがおすすめ。

DIET：忘れっぽいたぬきさんはダイエットしていることも忘れるので、こうなりたいと思うモデルやタレントの写真や「ダイエット２キロ目標」などと書いた紙をあちこちに貼っておくといいかも（笑）。和食が大好きなので、そばなど和食ダイエットもGOOD。

MONEY：財運あり貯蓄上手

財運があり、生活も質素なので貯まる。たまにドカンと大物買いをする。

WEAK POINT：忘れんぼ

大事なことを忘れる。どうでもいいことは覚えているのに。

開運のカギ：コミュニケーション

とにかく人脈命。老若男女問わず、交流しよう。

その気になるコトバ：「あなたといるとホッとする」

和ませのプロなのでそこをきっちりほめる。

嫌いな人：口先だけで中身のない人、流行に流される人。

イメージカラー：黄色、キャメル。

ラッキーアイテム：和小物、上質な手帳、アンティークの時計やアクセサリー。

子育て：家族仲良く

ママ：子ども優先、自分のことは後回し。家族の笑顔で気持ちが満たされます。でも負担が大きすぎるとキレて投げ出してしまうことも。

パパ：子どものことは妻に丸投げ、遠目から見守って仕事に励んでいるけれど……親子・家族の時間も大切にね。

キッズ：相手にあわせて色んなタイプに「化ける」のがうまいたぬきの子。本当はゆったり穏やかな性質です。忘れ物注意。

ビジネス：愛きょうがあるのでお客さんウケはいいけど、ポカが多い。

適職：誰かのために頑張る＆伝統を受け継ぐ仕事

教師、公務員、料理研究家、作家、伝統工芸関係、和菓子職人。

たぬきさんから見た恋愛の相性

狼：独創的な狼とほんわかムードのたぬき。互いに惹かれて結婚に発展することも。

こじか：甘えん坊のこじかを笑わせるたぬき。いい関係だけど「いい人」で終わりそう。

猿：せっかちな猿とのんびりたぬき。ペースがあわなくても結婚にはぴったりの相性。

チータ：刺激好きなチータと保守的なたぬき。長所を認め合えば長くつきあえます。

黒ひょう：現代的な黒ひょうを格好いいと思うたぬき。でもその思いは空回りしがち。

ライオン：ライオンにとってたぬきは主導権が握りやすい。流されやすいカップルになりそう。

虎：自分の話が中心の虎と、よき聞き役のたぬき。親友になれる関係です。

たぬき：のほほん、のんびり、お互いに相手のいいかげんさにあきれてしまうことも。

子守熊：楽しいことが大好きな同士ですが、子守熊の計算高さにたぬきはついていけません。

ゾウ：ゾウに振り回されるたぬきですが相性は◎。自己主張をおさえていつまでも仲良し。

ひつじ：和を大切にするキャラ同士、通じ合うところもありますが刺激が足りないかも。

ペガサス：お人好しのたぬきを振り回すペガサス。たぬきがサポート役に徹して恋人同士に。

子守熊　KOALA
EARTH／過去回想型／目標指向型／右脳型

のんきな顔して策士

　子守熊さんはのんびり屋さん。

　1日のうちでボーっとする時間がないと頑張れません。南の島など暖かいところでお昼寝できたら最高ですよね？（笑）　昼寝するから夜は元気。計算高く疑い深いところもあります。最後に勝つのは自分だ！　と思っている気長な勝負師です。

●特徴

一見、おとなしそうに見える。

負ける勝負は最初からしない。

最悪のケースを想定してから行動。

昼寝が好き、夜更かしが得意。

南の島や温泉が好き。

ぼーっとする時間がないと頑張れなくなる。

肩こり。

意外に下ネタが大好き。

つまり……最後に笑う人。

人間関係：穏やかな表向きと、計算高い内面。ズバリ世渡り上手です。

ひとことアドバイス：なんか「のらりくらり」という感じ。みんなが急いでるのに、ひとりスローペース。焦っているフリだけでもしてみたらどうかしら？

LOVE：本気と遊びは別物。

ロマンチストでサービス精神旺盛。恋を楽しむタイプ。男性は無類の女好きで浮気者が多い。

HEALTH：一病息災

過眠or不眠傾向。ぼーっとする時間が必要です。

おすすめリラックス法

入浴。３８〜４０度位の湯にゆっくりとつかったり、本でも読みながら半身浴をしてたっぷりと汗をかくと子守熊のリラックス効果絶大！　お湯は必ずぬるめで。熱いとリラックス効果が期待できません。

DIET：なんといっても岩盤浴や温泉など入浴ダイエットでしょう。岩盤浴場でだらっと寝て、じっくり汗をかいてデトックス。ただし、お風呂上がりのビールや食事には要注意。長いスパンで理想の体を手に入れてね。

MONEY：倹約、節約家。

計算上手で財テクも得意。ただし遊びに使うお金は惜しまない。

WEAK POINT：ギャップＮＧ

理想と現実、裏と表、本音と建前のギャップにへこむ。

開運のカギ：アートと希望

音楽や映画、絵画など芸術があなたを開花させる。

その気になるコトバ：「きっと夢は叶うよ」

夢や理想を描いているときが一番幸せ。

嫌いな人：夢がない人、急に大きな声を出す人、自分勝手な人。

イメージカラー：緑、グレー。

ラッキーアイテム：アロマオイル(ユーカリ)、温泉、パワーストーン。

子育て：熱心すぎてストレスに

ママ：心配性。ちょっとした不調でも病院に連れていく。子育てに熱心すぎて精神的にまいらないよう、適度なガス抜きを。

パパ：子どもが生まれると成人するまでの将来設計を考えます。そのために仕事は熱心ですが、家ではのんびりしたいタイプ。

キッズ：ボーっとしている時間が無いと頑張れないのが子守熊。朝が苦手なので不登校にならないよう注意が必要。

ビジネス：心と体に働きかける

仕切り上手で損得勘定もきっちり。長期的視点で勝ち残る人。

適職：アロマテラピスト、薬剤師、保険業、音楽家、旅行代理店、造園業。

子守熊さんから見た恋愛の相性

狼：計画性があり着実な者同士、共感はしますがワクワクせず、恋には発展しにくい。

こじか：疑い深い子守熊ですがこじかの純粋さにキュンキュン。結婚にも最適の相性。

猿：現実的で短期集中型の猿とロマンを見つめる子守熊。かみ合わない相性です。

チータ：チャレンジャーのチータと慎重な子守熊。お互いに補いあい、結婚相手として◎。

黒ひょう：計画通り仕切ってくれる黒ひょうは子守熊にとって大切な存在。恋人になれそう。

ライオン：王様キャラのライオンは、おだて上手の子守熊には扱いやすい存在。でも恋人には？

虎：現実をしっかり見つめる虎は、子守熊にとって理想的。よき相談相手に。結婚も◎。

たぬき：癒やし系同士、最高の相性です。まったりのんびり過ごしましょう。

子守熊：恋の駆け引きが好き同士、自分と同じパターンの相手にはときめきません。

ゾウ：必死に頑張るゾウを横目に人生を楽しく生きる子守熊。家族的な愛情は抱けそう。

ひつじ：サービス精神を発揮してひつじのグチを聞いてあげれば相性は◎。情報通同士です。

ペガサス：基本的な性格やスタンスに共通点がなし。上手くかみ合わずにストレスを感じます。

ゾウ　ELEPHANT
SUN／過去回想型／状況対応型／右脳型

思い込んだら突き進む

　常に何かに打ち込んでいたいゾウのあなたは、やると決めたらとことん最後までやり遂げます。

　いろんな意味で、味方につけたら心強く、敵に回すと怖い人。努力家ですが、努力しているように見られるのは好きじゃないところもあります。

●特徴

キレると最も怖い人。

職人肌でその道のプロを目指す。

人の話はあまり聞かない。

スタンドプレーが多い。

徹夜は別に平気。

いつも何かに打ち込んでいたい。

問題発言が多い。

苦手な言葉は「努力」。

つまり……突き進むのみ。

人間関係：真面目だけど人に合わせるのが苦手。周囲との協調を心がけて。

ひとことアドバイス：「うんうん」とうなづいているけど、ときどき人の話を一切聞いてないところは、まさに「ゾウの耳に念仏」かしら。相手の話に興味が持てなくても、態度に出さないように気をつけて。

LOVE：好きになったら押しまくる

押しの一手で、一途に相手を追い詰める強い愛の持ち主。尽くされるよりも尽くしたいタイプ。

HEALTH：ガラスのメンタル

基本タフ。でも調子を崩すと回復力は弱め。ご自愛を。

おすすめリラックス法

ハーブティー。種類が豊富なので効用で選んでみてね。リラックス効果を狙うなら、カモミールやラベンダー。リフレッシュ効果なら、レモングラスやペパーミント。美容のためならローズヒップも◎。

DIET：目標を立てたらゴールまで突っ走るので成功率はかなり高め。でも我慢するダイエットは向いてません。「耳つぼダイエット」ならば耳ダンボなゾウさんにぴったり。研究熱心なので漢方ダイエットも向いてます。

MONEY：ギャンブル運あり

ふだんは堅実派、でも実は一攫千金のギャンブル運あり。

WEAK POINT：口べた

お世辞、お愛想、社交辞令が言えずギクシャク。

開運のカギ：スピリチュアル
精神世界をのぞいてみると世界が広がる。
イメージカラー：ライトブルー、白。
ラッキーアイテム：花束、クッション。

その気になるコトバ：「頑張っているよね」
頑張りを見てくれているとわかると嬉しい。

嫌いな人：仕事が遅い人、おせっかいな人、自分に反対する人。

子育て： 実権を握るのは母
ママ：「自由に育てるのが一番」と言いつつ、理想通りに育てようと
必死になりがち。子どもはプレッシャーを感じる。
パパ：基本的な方針を決めたらあとはママにおまかせ。威厳はある
がおおらかで子どもにとってはいいパパ。
キッズ：真面目でコツコツ。一度やり始めたら集中力がすごいタイ
プです。妥協知らずで大人顔負けの成果を上げることも。

ビジネス：努力と根性は惜しまない
職人肌で頼れるリーダー。挫折に弱いところは仕事上はマイナス。
適職：国家公務員、医師、保育園、幼稚園園長、設計建築士、自営
業。

ゾウさんから見た恋愛の相性

狼：マイペースな狼は人の評価が気になるゾウの憧れ的存在。友人なら◎。

こじか：甘えん坊のこじかに甘えベタのゾウは振り回されてストレスに。

猿：今を生きる猿と、コツコツ型のゾウ。補い合える関係ですが、短気集中の相性。

チータ：ナンバーワンを目指す同士、互いにプライドが高くぶつかることが多そうです。

黒ひょう：面倒見がいい黒ひょうはゾウにとって理想の結婚相手。優しく接してあげて。

ライオン：生まれながらに華やかなライオンにゾウは憧れます。サポートに回れるなら◎。

虎：うるさく小言を言う虎にゾウが感謝するという間柄。時には恋に発展します。

たぬき：実績を重んじるたぬきは、黙々と努力するゾウに一目置いています。よい友人に。

子守熊：長期的視点をもつ子守熊はゾウにとって一見理想的。でも友人止まりになりそう。

ゾウ：地味なゾウですが華やかさに憧れが。なので地味な同キャラには興味なし。

ひつじ：あれこれ誘うひつじをいい人とは思いつつ、ゾウはいまいち興味が持てない。

ペガサス：自由を愛する者同士、お互いを尊重すればベストカップルになれそう。

ひつじ　SHEEP
MOON／過去回想型／目標指向型／右脳型

群れで行動するのが幸せ

　ひつじさんは、とにかく寂しがり屋でひとりぼっちが大嫌い。

　仲間はずれにされるのが一番悲しい事なので、基本、友達の誘いは断りません。あれこれ悩みすぎたり、グチが多いですが、世のため人のために尽くす人です。

●特徴

ひとりぼっちが苦手な寂しがり屋さん。

仲間はずれに傷つく。

物事を客観的に判断できる。

好き嫌いが激しい。

お金（紙幣）を貯めるのが好き。

感情的になりやすい。

誘われると断れない。

グチやぼやきが多い。

つまり……周りにあわせる人。

人間関係：人の和を大切にする。寂しがり屋で人脈は豊富。

ひとことアドバイス: グチが多い。しかも夜中に長電話でグチグチ……。「恐怖の電話」って陰で言われちゃうから、控えてね。

LOVE：愛をじっくり語り合いたい

じっくりと話を聞いてくれる人が好み。理想の相手を見つけたら暴走しちゃうことも。

HEALTH：気遣いで、気疲れ。

ストレスを溜めやすいタイプ、胃薬は必携。

おすすめリラックス法

甘い物でまったりリフレッシュ。おすすめの飲み物はカカオポリフェノールたっぷりのココア。ゆっくり一日を振り返るひとときが明日の元気の源です。

DIET：仲間とワイワイ一緒に頑張った方が成功率は高いです。くじけそうになったら友達同士で励ましあって。まずはみんなで何をやるか情報を集めましょう。

MONEY：小銭より紙幣ラブ

ケチではないが蓄財の達人。きちんと研究して貯めてます。

WEAK POINT：超ネガティブ

一瞬で悲劇の主人公になれる特異体質の持ち主。

開運のカギ：ご先祖様に感謝

先祖との縁が深く、そのご加護が強い人。きちんと感謝を。

その気になるコトバ：「みんな一緒に」
「みんな」にあわせるのが一番の幸せ。

嫌いな人：仲間はずれにする人、グチを聞いてくれない人。
イメージカラー：白、クリーム色。
ラッキーアイテム：フィギュア、枕、通帳、印鑑。

子育て：ふつうが一番
ママ：ママ友たちと足並みを揃えながら子育て。「みんなと一緒」が理想なので、個性が強すぎると心配になってしまいます。
パパ：家族サービスが生きがいのイクメン。近所付き合いも熱心で「いいお父さん」と言われるのが快感。頼りにされると喜びます。
キッズ：控えめで、思いやりと優しさに満ちた協調性のある子。その分グチは多めだけど、優しく聞いてあげてくださいね。

ビジネス：世のため人のため
義理堅く世間体を重んじ、常識を大切にします。かなり情報通。
適職：教職員、勤務医、宗教家、カウンセラー、漫画家、サラリーマン全般。

ひつじさんから見た恋愛の相性

狼：ロンリーウルフと群れをなすひつじは真逆の性質。でも理解し合えれば恋人として◎。

こじか：孤独が苦手同士、仲良くできるけど、こじかに利用されていると思ってしまうとエンド。

猿：笑わせ上手の猿と気遣いのひつじ、現実的なひつじが主導権を握れば恋は安泰。

チータ：恋のハンターで浮気性のチータと嫉妬深いひつじ。でも相性は悪くありません。

黒ひょう：情報通で情に厚いという共通点はありますが、感情的に衝突しやすいペア。

ライオン：ライオンのワガママをひつじが許せるならば最高の相性。結婚してもラブラブに。

虎：仕切り屋の虎をうっとうしいと思うひつじ。でもグチは聞いてくれるのでキープ。

たぬき：和を大切にするキャラ同士、通じ合うところもありますが刺激が足りないかも。

子守熊：誰とでも仲良くできる子守熊をひつじは大切に思っています。親友として◎。

ゾウ：ひとりでコツコツ頑張るゾウにひつじは興味を持ちますが、ゾウはなびかず……残念。

ひつじ：お互いに相手の気持ちが分かる同キャラ。心は許しあえるけどちょっと目障りかも。

ペガサス：ペガサスに憧れてあれこれ世話を焼くひつじ。でも干渉と受け取られてしまいそう。

ペガサス PEGASUS
SUN／未来展望型／状況対応型／右脳型

常識にとらわれない架空の存在

　そもそもペガサスは動物なのか。真っ白なサラブレッドに翼が生えている、１２キャラ中、唯一の空想上の生き物です。ペガサスさんは存在自体がファンタジー。束縛されるのが大嫌いで自由気まま。一か所にじっとしていることができません。人に指図されるのも苦手です。

●特徴

気分がコロコロ変わる、それを隠さない。

長所はスゴイがあとは平凡。

自分で自分がわからない。

束縛される環境に弱い。

面倒くさがり。

断られる前に断る。

誰かが後ろを通ると気になる。

うなずいているけど他のことを考えている。

つまり……フリーダムな人。

人間関係：純粋で感覚的で気まぐれ。人当たりがいいので嫌われません。

ひとことアドバイス：ワガママはほどほどに。まぁ、自覚してないかも知れないけど、周りからは「宇宙人」って思われてる可能性大。

LOVE：見た目＆センス至上主義

男女共にモテる恋多き人。感性のおもむくまま、電撃婚、離婚、再婚、国際結婚など波瀾万丈。

HEALTH：肩甲骨が凝っている

ペガサスの羽の根元、肩甲骨にダメージが蓄積する傾向が。

おすすめリラックス法

のんびり静かな曲を聴くことがおすすめのリラックス法。心身が安らいでいる時に優位となる副交感神経を刺激します。免疫力UPや血行促進にも効果大。就寝前に聴くと、寝つきもよくなります。

DIET：自由な感性なので気のおもむくまま、好きなようにやるのが一番です。例えばオーバーアクションカラオケダイエットなんていかが？（笑）　みんなで盛り上がる曲で思い切り熱唱！　踊ってカロリーを消費しちゃいましょう。

MONEY：え？　貯金って何？

お金にも羽が生えているタイプ、金銭感覚はかなりアバウト。

WEAK POINT：自由すぎる

予想ができない行動で周囲をあっと驚かせる。

開運のカギ：飛び回る

個性も才能も忙しく飛び回ることで開花。

イメージカラー：ピンク、シルバー。

ラッキーアイテム：羽のモチーフ、クリスタル製品。

その気になるコトバ：「スゴイね」

なんかスゴイ。具体的に言わなくてもOK。

嫌いな人：勘と感受性の鈍い人、話が回りくどい人。

子育て：天才を育てる

ママ：常識にとらわれずに子育てを楽しみます。子どもと個性が一致すれば、世界で活躍する天才を送り出す可能性も！

パパ：芸術家的な自由人なので、子どもを束縛しません。子育てにムラがありますが、子どもは逆に早く大人になります。

キッズ：目立つことが大好き、他人の目や常識は気にせず自分の感性のまま羽ばたきます。ほめちぎって伸ばしましょう。

ビジネス：とらわれず自由に

会社勤めには最も不向き。感性を活かせる自由な仕事がベスト。

適職：旅行関係、クリエーター、タレント、飲食業、外資系企業、イラストレーター、芸術家。

ペガサスさんから見た恋愛の相性

狼：自分流の狼と自由人のペガサス。仲良しのお茶のみ友達としてならＧＯＯＤ。

こじか：現実離れした同士で惹かれ合います。こじかの甘えをどこまで許せるかが鍵。

猿：現実的な猿にはペガサスのぶっ飛んだ感覚が理解できず、友人関係止まりかも。

チータ：最先端好きのチータにペガサスは刺激を受けます。趣味が合えば恋人に◎。

黒ひょう：感性で生きている同士、オシャレで格好いい夫婦になれるふたり。相性◎。

ライオン：頑固なライオンと気まぐれペガサス。必要なときに協力し合えればベスト。

虎：しっかり者の虎と自由人の組み合わせ。虎が許してくれる限り相性は◎。

たぬき：ペガサスをいつもほめてくれるのがたぬき。お互いに長所が発揮できる関係。

子守熊：最初は惹かれますが、疑い深い子守熊にペガサスがイラッ。ケンカしやすい。

ゾウ：単純でまっすぐなゾウに、回りくどいことが苦手なペガサスは好感を持ちます。

ひつじ：一途なひつじを束縛が苦手なペガサスは「めんどくさい」と思ってしまう可能性大。

ペガサス：直感に生きる者同士、ぴんと来たら心が通じ合いますが、刺激がないのですぐ飽きる。

12分類ヒューマンリレーション

３分類のヒューマンリレーションの「じゃんけんの法則」をさらに細分化したのが12分類ヒューマンリレーションです。

　図は、それぞれのキャラクターの力関係を表しています。

　自分のキャラクターから見て、右回りで隣の相手には100対０で勝つのですが、左回りで隣の相手には100対０で負けてしまいます。正面の相手は力がちょうど同じくらいの戦力がある、ライバルです。

　例えば私は虎ですが、

虎は……

ＳＵＮに強い、なかでも特にチータに勝っているので、チータがいると楽だなーといつも思います。

ＭＯＯＮに弱い、なかでも特にひつじに負けているので、ひつじがたくさんいる場所では、いつもよりちょっと無口になってしまうこともあります。

　この図はあくまでも人と人との力関係を表したものなので、恋愛の相性とは区別して考えてくださいね。

講師は見た！　アニマロジー検証データ

●検証データ●

　福岡でアニマロジーを利用してお見合いの企画をしている西講師から、婚活パーティーでのそれぞれの行動について検証が届きました。西講師は、アニマロジーの講座をお見合いパーティーの前に行っているんだそうです。楽しそうでしょ♪

【狼】ちょっと変わった合コンだなと思って参加する。やはりMOONには弱い。2回目はあまり参加しない傾向。

【こじか】警戒心が強いため、毎回こじかはいないか、人に誘われた時のみ参加。割合的にはいつも少ない。

【猿】何でも面白そうと思ったら即行動なので、参加割合は男女共に高い。

【チータ】女性探しの旅に出るモテ男の象徴なので、男性の出席率が高め。

【黒ひょう】男女共に自分にとって新しい情報をキャッチしたいためか、参加率高めで、男女共にモテ、好印象。ただしSUNには弱い。EARTHが隣にいると上機嫌。

【ライオン】お会計ではライオンらしく1万円札で支払う傾向が高め。ライオン男子はハーレムがお好きなので、両隣に女性を置くと上機嫌。

【虎】基本、酔っても平常心で取り乱す事はなく、合コン中は審査員のように全体を見て、合コン後は、主催者に改善点を提案してくれる。

【たぬき】若いたぬき女子は断れず、複数の男性からのアプローチに流され気味。男性は、MOONの中だと安心し、ご満悦。

【子守熊】恋愛好きの子守熊は、毎回参加者は多め。美男美女が多く、雰囲気も柔らかく人気はあるのだが、警戒心が強いため、すぐには恋愛に発展しない。

【ゾウ】ゾウはイベンター向きなので、今度自分がイベントするならという学びのスタンスで参加する事が多い。いつも、講座の時は話は聞いてない。

【ひつじ】いつも友達などに誘われて参加。いい人なので、主催者の手伝いもすすんでしてくれる。スタッフのフォロー役として最適。

【ペガサス】基本、皆無に近いほど、参加者は少なめ。合コン中は1人で手遊びしたりして、会話をしないこともしばしば。隣に同じSUNがいると少し話す。MOONはペガサスに気を遣って話すけど、ペガサスにとっては放っておいて欲しい。

　　　　Feliceacco（フェリーチェアッコ）西彰子（動きまわる虎）

———————————————————

　アニマロジーを使ってお見合いを企画している講師たちは全国に何人もいます。それぞれがカップルの成立割合が上がったと言っています。ヒューマンリレーションを知っているので、席順にも気を遣うから参加者が馴染みやすいのでしょうね♪

　この検証データは、それぞれのキャラの特徴がよく出ていますね。こういうイベントの時、猿、チータ、黒ひょう、子守熊は「すすんで参加」しますが、黒ひょう以外のMOONは「友達に誘われて」参加するパターンがとても多いです。特に、たぬきは断れない性格なので、そんなに好きなタイプの相手じゃなくても、悪いなと思って

情に流されてしまう傾向が多々あります。

　狼とペガサスは独特な雰囲気を持っています。こじかは垂れ目で可愛い感じの人が多いので人気があると思いますが、人一倍警戒心が強いので、くどき落とすのには少し時間がかかるでしょうね。でも言葉遣いが馴れ馴れしく変わって来たら気に入られた証拠です♪子守熊も恋愛は好きだけど、やはり、こじか同様に警戒心が強いので時間がかかります。特に子守熊は急に大きな声を出す人が苦手で、そんな人には萎縮してしまうので気をつけて。

　このStepの最初で紹介した12動物円グラフは、狼からはじまりそれぞれの動物がもつイメージを人の一生に例えてますが、なかでも猿、チータ、黒ひょうの三人衆は学生グループのキャラたちですから、ナンパ大好き！　ストレートに口説いてきます。それに、やけに楽しそうにしているのですぐにわかると思います（笑）。

　ライオンは男なら王様、女なら女王様です。その辺をよくわかっている主催者は王様の両脇に女子を座らせハーレム状態にするなど、細かい心配りが素晴らしいですね!!

　ゾウは基本的に人の話を適当にしか聞いてませんが、興味をもったことには真剣に取り組みます。気になる人がそのイベントにいたら積極的になるし、そうでもない場合は、学び好きなせいか「自分が主催したらこうしよう」など他の事を考えているので講座の話は右から左へ通り抜けて行くのでしょう。

　ひつじは「世のため人のため」が口癖ですから、すすんでお手伝いしてくれます。ひつじに限らずMOONの人たちは「手伝って！」と頼めば、相手軸なので断る事もなく、皆さん感じよく手伝ってくださいます。……が！　本当に心から喜んで手伝っているかというと、そうでもない人もいるので頼む側も気を遣わないといけません。

MOONは「いい人」と思われたい為に「いい人をつい演じてしまう」ところもあるので、本当は無理しているときもあるんです。

ペガサスはSUNのなかでも天才中の大天才!!　ペガサスだけが動物園で見ることができない架空の動物ですから、宇宙人のようなものです（笑）。白のサラブレットの背中に、私たちには見えない大きな翼がついているので、なんとなくしゃべり方も行動もフワフワ浮いてる感じがします。話をしていても途中から「心ここにあらず」で、目が完全に泳いで他のことを考えていることもしばしば。自分が中心になって話をしているときは楽しそうですが、それ以外はほとんど話をしないで、じっと羽根を閉じてロバのように大人しくしているペガサスも多いです。

私の主人はペガサス。私の周りもペガサスが多いので、弦本先生に「マルはペガサス使いだよね」とよく言われますが、本当はペガサスにちょこんと乗っかって操縦できるのは猿で、猿こそがペガサス使いなんですよ。

最後に虎ですが、虎はバランス感覚に優れており全体を見渡す能力があります。言葉はきついですが、嘘が嫌いなので、いつも思ったことを歯に衣着せず相手に伝えようとします。だから主催者としては、ひとつのご意見として大変ありがたい事なのですが、それが裏目に出ると、その言葉で傷つく人も出てくるので要注意です。

でも今回は、検証データをくれた主催者の西講師も虎ですから、虎同士、信頼できる意見として素直に取り入れられたはずです。

北海道にも男性の虎講師がいて、お見合い企画をよくやっています。一人で寂しそうにしている人はいないか、全体のバランスはどうか、時間配分は？　など、目配りするのは虎がもっとも得意とする分野ですし、虎はボスや姉御肌のキャラで面倒見が良いので、お

見合いの主催者に向いているかもしれませんね。

●検証データ●

最近講師の仲間入りをした看護師の馬籠さん。アニマロジーのおかげで「聖なるアキラメ」をして、ストレスが減ってきたとのこと。良かったです♪

---

①ふたりの職員に対してなんですが「このふたりは態度にむらがあり、挨拶をしない」と複数人の職員から相談がありました。
調べたらふたりとも「デリケートなゾウ」なので、注意をしてもガラガラぴしゃんとシャッターを閉められてしまうと思ったので、作戦を立てました。
ふたり一緒に面談して「おふたりに相談をしたいの。職員から挨拶をしても挨拶をしてくれない人がいて嫌な雰囲気と相談されたの。おふたりはきちんと挨拶してくれていると思うので(内心・あなたたちなんだけどね)、力を貸してくれないかしら？」と相談しました。
するとふたりは椅子に寄りかかりながら「それぐらいならしてあげてもいいけど！　挨拶しない人なんかいるのかしら。信じられな〜い」(いやいやあなたたちだけど)　私「悪いねぇ〜、いつもお願いごとばかりで」　ふたり「仕方ないなぁ〜 (笑)」
その後、職員から挨拶しないという相談は全くなくなりました。挨拶をきちんとしてくれています。
②認知症で気むずかしい利用者さんでも、フッと近づいてすぐに言うことを聞いてもらえる職員がいます。キャラを調べたら「落ち着きのあるペガサス」だったので、天才なんだぁ〜と、一人納得。

③利用者さんの見守りのため、フロアにいないといけないのに、いつも動いてしまう職員がいます。

キャラを調べたら「動きまわる虎」でした。注意しても仕方ないと明らめました。

たくさんの職員がいると「なんでこういう行動をとるのかな？」と思ったときに、キャラを調べると「なるほど」と思うことが多く、私自身の気持ちの安定が得られ、イライラすることが少なくなりました。

自分の家族も一緒で、売り言葉に買い言葉でけんかになってしまうこともありましたが、キャラや運勢で今日とる行動がわかるのでけんかをしなくなりました。

看護師 馬籠さとみ（しっかり者のこじか）

───────────────────────

　こじかの彼女とは、私が以前「天使の会」という看護師が集まる会に呼ばれたのがきっかけで出会いました。講演後の懇親会で沢山の看護師さんとお話しましたが、この職業は不規則で寝不足にもなるし、ドクターや職員同士との人間関係や患者さんとの人間関係など、皆さんとても大きなストレスを抱えていました。出逢った頃の彼女も悩みを抱えていましたが、最近はとても活動的になっていつも楽しそうです。

　前にも書いたとおり、人には４つのキャラクターがあります。彼女は４つのキャラの中に子守熊が２つも入っているので、講演中にどうしても居眠りしてしまい、大事な部分が聴けなかったと、何度私の講座を聴きにきたことか…（笑）。無事に講師試験も合格し、現在はアニマロジーを使いこなしている、垂れ目が可愛いこじかの女

性です。

　①の例ですが、こじかは３分類のヒューマンリレーションでゾウに負けているのですが、キャラの中に子守熊が２つも入ってる彼女はどちらかと言うとMOONよりEARTHっぽいところがあります。だからEARTHのキャラが前面にでるとSUNをふたり相手にしても平気なんですね（笑）。しかも彼女は「人間の取扱説明書」を手に入れている訳ですから、手のひらでコロコロ……楽勝な訳です。

　あらゆる人間関係で「あれ？」と思ったらすぐにキャラを調べる癖がついてると、彼女のようにすぐにストレス解消できたり、うまく立ち回ったりできます。たとえ困ったちゃんを見かけても明らめる事ができるので、逆に可愛く思えたりもするんです。

　また、彼女の言うとおり、誕生日ひとつで相手の運気も全部わかりますから「あ！　この人、今日はイライラして怒りっぽい運気の日だから近づくのよそう」とか予測できるので、家族間でも大きなケンカに発展することがありません。平和が何よりですよね。

　彼女は介護施設で働いていますが、今後の日本は高齢化が進み、老人ばかりになってきます。施設に入っても、自分で動き回れたり、意志を上手く伝えたりできる利用者さんはまだしも、そうでない方はイライラすることも多いと思います。

　ところが、年齢を重ねても、自分の元々持っている個性は変わらないということがだいぶ検証されてきました。介護施設のスタッフも、どんどんアニマロジーを学ばれることをおすすめします。目に見えない意思の疎通ができますから、お互いが楽な関係になると思います。

Step3

Pie Chart
【円グラフ】

12分類のキャラクターの違いや共通点について、
さらに詳しく見ていきましょう。
アニマロジーを深く知ると、苦手だったあの人も
可愛い動物に見えてくるから不思議ですね。

12分類の相関関係

　キャラクター同士の関係には、ある一定のルールがあることが分かっています。

- ●両隣のキャラクター（30度）＝友人の関係
- ●2つ目のキャラクター（60度）＝親友の関係
- ●3つ目のキャラクター（90度）＝緊張と試練の関係
- ●4つ目のキャラクター（120度）＝調和と恵みの関係
- ●5つ目のキャラクター（150度）＝くされ縁の関係
- ●対角線上のキャラクター（0度、180度）＝学びの関係

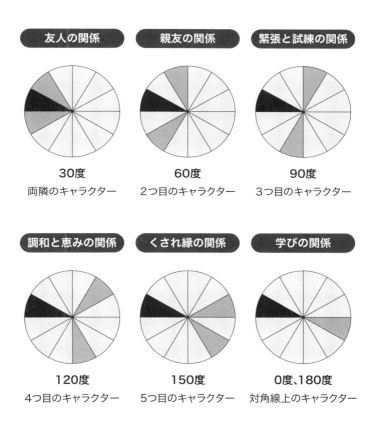

例えばペガサスにとって両隣の狼とひつじは友人だけど、2つ目のこじかとゾウは親友になれる可能性が高いということです。

目標指向型と状況対応型

人は行動パターンで「目標指向型」と「状況対応型」とに分類されます。

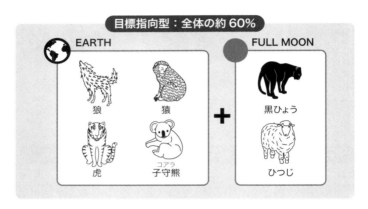

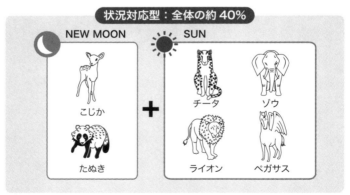

目標指向型

狼・猿・虎・子守熊・黒ひょう・ひつじ

（EARTHとMOONの満月グループ）

何事も目標を決めてからでないと行動できない人たち。

物事のプロセスより結果を重視します。

期限を決められないと動けませんが、決めた目標はキッチリ達成。

自分のペースを乱されたくないので、急な変更に、すごくストレスを感じてしまいます。

人間関係では、常に「本音」でモノが言える関係が理想です。心を開き本音で話をすることがいいことだと思っているのです。けれど、どうでもいい人には本音を言いません。

恋愛では、体の浮気は単なる生理現象と解釈。でも心の浮気はNGです。

状況対応型

チータ・ライオン・ゾウ・ペガサス・こじか・たぬき

（SUNとMOONの新月グループ）

何事も目の前のことからひとつずつ処理していこうとする人たち。

結果よりも、プロセスを重視します。

期限を決められると弱いものの、臨機応変に対応できるタイプ。

成功願望が人一倍強く、突発的なでき事やトラブルには燃えます。

人間関係では、本音で語り合うことが苦手で建前中心。でも、どうでもいい人には本音が言えます。

恋愛では、体の浮気も心の浮気もNGです。

未来展望型と過去回想型

　12分類円グラフの上半分を未来展望型、下半分を過去回想型と呼んでいます。

　未来展望型は身軽な動物たちの集団。

　過去回想型は、群れをなしたり、動かなかったり、大きな動物たちの集団ですね。

　この2つのグループは笑っちゃうほどまったく考え方が違います。

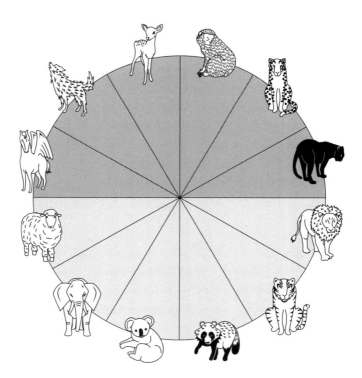

未来展望型
狼・こじか・猿・チータ・黒ひょう・ペガサス

プラス思考の楽観主義者。

過去は振り返らず、将来のことだけを考えます。

決断した時のメリットを優先させます。

旅行に行く時はほとんど手ぶらで、現地調達派。フットワークは軽い！

常に希望的な観測に立ちワクワクでいっぱい。過ぎ去った過去には興味がもてません。何かを決めた後に「よく考えて」と忠告されたり、口出しされると、やる気をなくします。

過去回想型
ライオン・虎・たぬき・子守熊・ゾウ・ひつじ

石橋を叩いて渡る慎重派。

過去の経験やデータから物事を判断しようとする人たち。

そうしなかった時のリスクを優先させます。

旅行に行く時は大荷物、余計なものまで持って行きます。

常に悲観的な観測に立ち、リスク回避能力に長けています。

大きな期待などプレッシャーをかけられると、不安になってやる気をなくします。

身軽な「未来展望型」は、慎重な「過去回想型」に対して「のんびり考えてないで、さっさと動こうよ」とイライラしがちです。

逆に「過去回想型」は「未来展望型」に対して「ちょっと楽観的すぎじゃない？　もっとちゃんと考えなよ」と批判的になりがちです。

右脳型と左脳型

人は思考パターンによって「右脳型」「左脳型」に分けられます。

12分類円グラフの左半分が右脳型、右半分が左脳型。

左右が逆なのは人体では左脳が右半身を、右脳が左半身をつかさどっているのと同じ原理です。

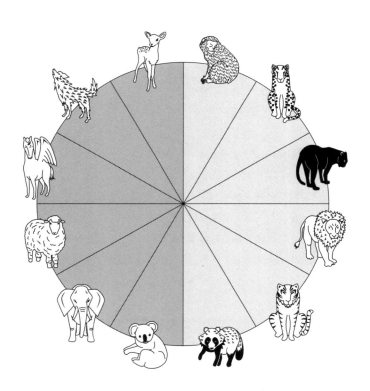

右脳型

狼・こじか・子守熊・ゾウ・ひつじ・ペガサス

精神エネルギーが高く、想像力が豊か。何事も直感やイメージで考え精神的な満足を優先させる人たち。

鋭い感性や芸術性を持ち、クリエイティブな世界に生きがいを感じます。

医師や弁護士、大学教授、牧師、僧侶などお金儲けを優先する職業ではなく、コンセプトを売る職業を選ぶことが多いでしょう。

左脳型

猿・チータ・黒ひょう・ライオン・虎・たぬき

経済的・社会的エネルギーが高く、目の前の物事だけを現実的に考えます。理論や計算で考えることが多い人たち。

お金など実利的なものに魅力を感じます。

商社マン、金融マン、営業マン、職人、技術者などビジネスの世界に生きる職業を選ぶことが多いでしょう。

ちなみに、説明するときは、右脳型にはイメージ、左脳型には論理で伝えないと通じません。右脳型の上司に企画を提案するときはビジュアルを多くしないと見てくれません。

思考の傾向の違いは、価値観の違い。お互いに認め合っていきたいですね♪

講師は見た！　アニマロジー検証データ

●検証データ●

　目標達成コーチングの先生をしている手塚講師から「目標達成に向けて行動をしてもらう時にクライアントのタイプ別にフォーカスポイントを変えてコーチングしています」という報告が届きました。

＜行動を起こさせる時＞

『未来展望型』には、行動を起こして目標達成した明るい将来を想像してもらいます。

「目標達成した世界を描くことでキュンキュンする気持ちが止まらなくなりました！」と言って行動を開始した黒ひょう女性がいました。

『過去回想型』には、行動を起こさなかったことで後悔した暗い過去を思い出してもらったり目標達成しなかった暗い将来を想像してもらいます。

「あんな過去は二度と経験したくないです」と言って行動を開始したひつじの女性がいました。

さらに『MOON』であれば世のため人のためなどの使命感、『EARTH』であれば具体的な数字やお金、『SUN』であれば成功イメージや権威をつけ加えるとベターでした。

＜行動計画を立てる時＞

結果重視の『目標指向型』には、具体的な行動計画、数値目標、期限

を設定してもらいます。進捗のペースが遅れていたとしても指摘せずに本人に任せます。

過程重視の『状況対応型』には、期限は決めずに成功をイメージした大きな方向性を設定してもらいます。行動し続けている過程を褒めてモチベーションを高めます。

ゴールアクションコーチ　手塚信貴（感情豊かな黒ひょう）

　うちの支局の講師たちは、いろんな職業の人たちがいますが、それぞれが上手にアニマロジーを使ってくれて嬉しいです。これを使いこなせば成功体質になること間違いなしだと、私は思います。

●検証データ●

　塾の先生をしている荒川講師から検証が届きました。

小１のチータの女の子Hちゃんは、当初いきなり鍵のかかったドアを開けようとしたり、興奮すると私の腕にかみついたりしてきました。虎のママはただでさえペガサスの長男に振り回されてきたのに、長女もSUN。不思議な縁で私の塾を知り、何とかしてほしいという思いでやってきました。チータの性格を知らない先生ならば、驚きの連続だったでしょうが、次から次へとチータの振る舞いを見せる彼女に、私は感動の連続でした。

あらかわ学習塾　荒川泰英(正直なこじか)

学校の先生や塾の先生はいろんなタイプのお子さんたちに日々振り回されていると思います。落ち着きのない子、乱暴な子、勉強嫌いな子……多くの先生はそんな子を叱るか、苦手だなと敬遠してしまう。そのせいで子どもは傷ついて自信をなくしたり、勉強が嫌いになったり……でもアニマロジーを知っていると逆に、日々が検証になります。

　今までストレスだった子どもの行動に怒るどころか感動して思わず笑顔まで出てしまうのです。そんな風に、周囲の大人がその子の行動を個性として受け入れてくれれば、いろんな才能が伸びる可能性がどんどん出てきます。

　学校の先生や塾の先生、親御さんがアニマロジーを知っているのと知らないのとでは、全然違います。ぜひ子どもたちの「トリセツ」を手に入れて楽しく教育現場に使ってもらいたいものです。

１・表面が「狼」、本質が「黒ひょう」の彼女は、学校での態度と塾での態度がまるで別人です。学校では担任の先生が彼女の考えていることがわからず、隣のお友だちに彼女が何を考えているか質問するくらいなのです。塾で元気にしゃべっている姿を目にしている同級生は「ホ〜ント、○○は学校と塾で別人だよねぇ」と大笑いしています。

２・表面が「虎」、本質が「たぬき」のＳちゃんは学校ではしっかり者。部活では部長、勉強でも手を抜かず大変そうです。私が「もっとあまえていいんだよ(もっとたぬきをだしていいんだよ)」と話をしたら、目をまんまるくして一気にオープンハート。彼女の肩の力が抜けた瞬間です。本質を出せる相手が増えた彼女はとても倖せそうに

見えます。(荒川講師)

***

　ひとりの人間の中には「本質」「表面」「意志」「希望」4匹の動物キャラクターが隠れています。本来、本質は「本当の自分」「リラックスしているときの自分」のキャラ。表面は「大勢のときの自分」「他人に見せている自分」ですから、自分をつくろってます。だから簡単に言うと「人から見られるとこんなキャラ（性格・個性）だと思われてますよ〜」ってことなんです。意志は「考えるときの自分」。希望は自分の将来の理想像です。

　1の彼女の場合は、学校よりも塾での姿が本当の自分。黒ひょうは人一倍おしゃべり好きで、特に自分が中心になってお話をするのが大好きなキャラなんです。塾で元気におしゃべりしているということは、とてもリラックスしている証拠♪　彼女は学校より塾の方が居心地がよくて、本当の自分がちゃんと出せているということがわかります。

　表面が狼の彼女は一見、人からは「とっつきにくい人」「変わってる人」だと思われています。どちらも彼女であることには間違いないのですが、できれば学校でも「黒ひょう」の自分が出るようになれば楽しい学校生活になるんですけどねぇ……。表面の狼の姿が出ているということは、彼女なりに何か理由があるんでしょうね。学校に苦手な先生やお友達がいるとか、学校の勉強が嫌いだとか。だから狼の特徴である「放っておいて欲しい」という態度が前面に出てしまうのでしょう。

　2のSちゃんは、本質がMOONだから相手軸。でも表面が虎だから、みんなの期待を裏切らないようにと、一生懸命EARTHっぽく

しっかりと頑張っているんだけど、本当の自分はたぬきちゃんだから「頑張ってるね。私たちのためにいつもありがとう♪」って優しく声をかけてもらいたいのです。本当は誰かに甘えたいのです。たぬきは労わられると嬉しいことを知っている塾の先生に自分を出すことができて本当に良かったなと思います。

Yくんは出会った当時、中学2年生でした。授業中はいつものんびりしていて、周囲は心配してばかり。高校にもやっと受かったという感じ。しかし、彼は夢に向かって突き進む子守熊でした。
数年後、出会った彼は自信に満ちていました。料理の専門学校に進学し、見事、希望のホテルの厨房に就職しました。それまでの道のりを彼から聞いていると、夢を持つことの大切さをあらためて実感します。（荒川講師）

　アニマロジーはイメージ心理学。南の島の子守熊を思い浮かべてください。暖かいところでボーっと寝てますし、動きもゆったりしてますよね。だから子守熊を本質キャラに持っている人はのんびりした人が多いのです。昼寝が大好きなので、きっと授業中にうっかり居眠りなんかもしていたかも知れません（笑）。でも、心の中に強い闘志を秘めていて、負ける勝負はしない。大きな夢を持ち、その夢に向かって、コツコツと計画通りに目標に向けて頑張る力を持っています。うさぎと亀なら、亀タイプです。「最後に勝つのは僕だ」っていう自信があり、長期展望で夢を実現させます。周囲を心配させながらも夢を叶えたYくん、カッコいいですね。

●検証データ●

　元ANA客室乗務員で、現在は主婦の山重講師が家庭でのようすを
教えてくれました。

うちはふたり娘で、うえの娘には思ったことがなかったのですが、
したの娘は小さい頃からいつもいつもお風呂上がりに裸のままいつ
までもウロウロしているので早く洋服を着なさーい!!　と注意しな
がら、もしや?!　と思って調べたら「チータ」でした(笑)

　　　　　　　　　　　元ANA CA 山重克子(どっしりとした猿)

　私は、講演や講座、カウンセリングのときにチータがいると必ず
聞くことがあります。「夜、寝るときパンツ履かないでしょ？」って
(笑)。

　その結果、チータをキャラに持つ男性の８割以上の人が、寝ると
きはパンツを履かず、パジャマのズボンだけ履いて寝るということ
がわかっています。女子にも同じ質問を一応しますが、女子の場合
は回りに人がいると、さすがに恥ずかしいこともあり本当のことを
答えてくれる率は下がります。でも、そんなときは「ストッキング
とかガードルとか、体にまとわり付くきついもの大嫌いでしょ？」
と聞きます。すると「はい」と答えた後「実は下着を付けずに寝るこ
ともあります」なんて教えてくれたりもします。

　中にはこんな女子もいました。「え〜っ！　私、パンツは履いてま
す。でも、パンツしか履いてません！」この衝撃的な発表には、み
んなで大笑いしました。彼女、寝るときは体にまとわりつくパジャ

マが気持ち悪いらしく、パンツ一丁で開放感に浸って寝ているそうです（笑）。のちに彼女はうちの講師になりました。

　上の山重さんの検証事例のように、俗に言う「裸族」は自分の中にある４つのキャラの中にチータがいることが非常に多いです。チータなら、お風呂上りに裸のままウロウロしていても仕方ありませんよね。「個性」だから叱れません。

うちのお手洗いはいつも開けっ放しでEARTHの私には理解ができずおや？　と思って調べたら夫（チータ）長女（ペガサス）次女（チータ）でした！　母が健在の頃、我が家に遊びに来てお手洗いに入り、ドアがすこーし開いていて……重くて閉められない?!　と思いましたが調べて納得!!ライオンでした！　SUNの人たちったら!!

（山重講師）

　アニマロジーを知っている人にとっては当たり前の光景。微笑ましい日常ですね（笑）。

　私は毎月「白石まるみの特別上級講座」を開催してますが、その講座では、キャラを目標指向型と状況対応型に分けたり、未来展望型と過去回想型に分けたり、右脳型と左脳型に分けたりして、その考え方の違いなどを実際にその場で受講者のみんなと一緒に検証するためにグループ分けして何回も席替えをします。

　そのときに必ず、状況対応型の皆さん（全てのSUNとMOONのたぬきとこじか）の受講者たちに「皆さんはトイレ入ったら、ドア開けっ放しで用を足すでしょう？」って聞くんです。すると、言われた

本人たちは2つのリアクションのグループに分かれます。

　素直に「はい。開けっ放しです。なんでわかるの？　ガハハハ」とニコニコして自分を認めているグループと「え〜さすがに閉めてますよ」って答えるグループ。

　その後者のグループに「ドアを閉めるというのは、きちんとガチャっと閉めることを言うんですよ。皆さんのドアは閉めたつもりで１センチくらい開いてませんか？」と訊ねると「え？　それって閉めてることにならないんですか？　だったら、開いてます」とか「普段は仕方なく閉めてるけど、ひとりでいるときは全開です」とか答えてくるんです。

　そして、そのようすをずっと見ていた質問をされてない人たち（目標指向型である全てのEARTHとMOONの黒ひょうとひつじ）が「あ〜〜!!　うちの息子がそれです」「やだ！　うちの夫はいつもドアが少し開いてます」と言いだしてきて、調べるとみんな状況対応型のキャラの人たちだと知り、一緒に変な感動を覚えるわけです（笑）。

　その後も「ウンチをした後、そのウンチをちゃんと見てから水を流しますか？」とか「鼻をかんだ後、紙を開いて自分の出した鼻水を見て確認する人は手をあげて！」なんてやるんですけど……もう毎回、この授業は大爆笑です。涙を流して大笑いする人もいます。日頃「自分が正しい」「自分と同じ事を人もしてるはずだ」と思い込んでいる人たちがいかに多いことか。それが、講座やセミナーで自分と人は違うということをその場で少しずつ理解できてくると、自然に笑顔になってきます。本書で私が一番言いたいことである「あきらめる」ことができた瞬間です。私はその瞬間が大好き！

　山重講師は、キチンとドアを閉めるタイプのEARTH（猿）です。

アニマロジーを知る前は、自分以外の家族が全員、トイレのドアを開けっ放しで用を足すことにイライラしてました。だって何回注意しても、みんな開けっ放しなんですもの。そこへ、たまに遊びに来るお母さんも、いつもドアが少し開いている。でも、調べたら全員ＳＵＮだったということがわかり、スッキリ!!　その後はイライラすることもなくなりました。お母さんは自分では閉めているつもりだったんですよね（笑）。

———————————————

長女のクラスの男の子はいつもいつも大きな声でおしゃべり。先生がお話されたことを15秒後くらいに毎回質問します。あの子なんだろう……絶対にSUNだな、と調べたら、話を聞かない「ゾウ」でした！（山重講師）

———————————————

　人の話を聞かないのがSUNの全体的な特徴です。だって、天才グループですから。普通の人は、１から10まで説明を聞いて納得しないと次にいけないのですがSUNは１を聞いて10を知るんです。「あ〜もうわかったから、それ以上話さなくても充分！」それ以上、人の話を聞くのは面倒臭いんです。特に興味のない話にはまったく反応しません。

　山重講師のように、検証をずっとしていると誕生日を聞かなくても大体雰囲気で３分類がわかってきます。そうなると毎日楽しくなってきます。ちなみに、話を聞かないゾウにはどうしたらいいか？答えは「小さい声でしゃべること」なんです。急にトーンを下げてヒソヒソ声でしゃべってみてください。今まで人の話を聞いてなかっ

たゾウが自分からこちらに近づいてきます。

●検証データ●

　アニマロジーは生年月日をあらかじめ難なく手に入れることができる職業には打ってつけのアイテムで、実際これを一番取り入れてるのは、必ず生年月日を必要とする歯科医院や、エステなどのお店です。

　福岡で整体院を経営する柴田講師が、アニマロジーを利用して来院患者さんの統計を取ってみたら、結果にびっくり！

────────────────

65期認定講師資格試験の実技にあたり、昨年（平成28年1～12月）の来院患者さんの全キャラを628人分調べて、統計分析をしたところはっきりとした結果が出たので報告します。

1～6位が目標指向

7～12位が状況対応

またその比率はテキストに書いてある通りの比率になりました。

MOON、EARTH、SUNの3分類の比率もテキストに沿ったものになりました。

なぜ1、2位が黒ひょう、ひつじ、11、12位がペガサス、たぬきなのかまるみさんの方で検証をお願いします<(_ _)>

　　　　　　　　　　しばた整骨院　柴田亮二（物静かなひつじ）

────────────────

　今回この講師は、自分の整体院の来院者の誕生日から各キャラクターを割り出し、発生比率を検証してみたところ、教科書どおりの

数字になった、とびっくりしていました。

1位　黒ひょう
2位　ひつじ
3位　虎
4位　狼
5位　猿
6位　子守熊

6位までは目標指向型　60.5%

7位　ライオン
8位　チータ
9位　こじか
10位　ゾウ
11位　ペガサス
12位　たぬき

7位からは状況対応型　39.5%

　キャラは6種類で半分づつですが、発生比率は106ページに書いた通りになっていますね。3分類の比率もほぼ教科書通りです。

　1位と2位の黒ひょうとひつじは情報と仲間を大切にします。自分が気に入った施設であれば何度でもそこに通いますし、気に入るほど「ここの整体院感じいいよ〜。どうせいくならここに通いなよ」と友達に言って回ります。黒ひょうもひつじも自分の話を聞いてもらいたいのです。それにこの人たち、話をニコニコと聞いてもらえるだけで、痛みの半分が消えちゃうようなキャラたちですしね(笑)。

　通常、気にいったらキチンと約束を守って通いだす目標指向型の

EARTHが１位に来そうですが、今回の検証の場合、この検証をしている柴田講師ご自身がお話好きな「ひつじ」ですから、目標指向型のMOONを引き寄せているんじゃないかな？　と思われます。

　また逆に、ドタキャンが多い状況対応型のSUNは、順位が低いのは当然予想されましたが、この調べだと、状況対応型のなかでもたぬきが最下位とのこと。MOONのなかでもこじかとたぬきは状況対応型でSUNに近いのですが、そうはいっても人懐こいMOONのキャラです。たぬきは「行きつけの店にしか行かない」ので、たまたま、その施設の雰囲気や院長やスタッフとの相性がイマイチだった、ということも考えられますね。特にたぬきは「年配の人に可愛がられる」という特性があるので、この整体院は比較的、若い先生やスタッフが多いのではないかしら？

　それか、たぬきは「忘れっぽい」という特性があるのでうっかり忘れて行かないうちに、MOONだから申し訳なくて通えなくなっちゃったのかもしれません（笑）。

アニマロジーで芸能チェック

テレビや舞台などで活躍している芸能人は、いろんなタイプの人がいますから検証の宝庫です。そして、調べているとイメージと同じ動物キャラクターが出てきて感動することが多々あります。例えば、年配の方なら誰でも知ってる水前寺清子さんがご自身の愛称と同じ「チータ」だったり、もう亡くなってしまったけれど、現役時代「ウルフ」の愛称で親しまれていた千代の富士関が「狼」だったり、ガッツ石松さんが雰囲気どおり「猿」だったり、いつでも真っ黒な松崎しげるさんが「黒ひょう」だったり……（笑）。

こうやってイメージ通りの場合は「うん。なるほど！」と思うのですが、イメージと全然違う芸能人も実に多いものです。プライベートと仕事とでは気持ちを切り替えますから、当然といえば当然なんですけどね。昔、私が若かった頃、テレビではみんなを笑わせて面白おかしくしゃべってるタレントさんなのに、実際一緒にお仕事してみると、無愛想で感じが悪かったり、いつもニコニコ笑顔で優しい雰囲気のアイドルだと思っていたら、実はとても意地悪だったり……。若い頃、そのギャップを目の当たりにして、何度「え?!　ち、ちがう……」と思ったことか（笑）。

俳優の八名信夫さんがリーダーとなって結成されている悪役商会などは、表向きみんな悪そうな顔していて近づくのも怖い雰囲気ですが、実際お会いしてみると感じの良い優しい人たちばかりでびっくりしたことがあります。

ホームページを見てみたら「悪役が犯罪を犯したら洒落にならない」というのがリーダーである八名さんの信念で、悪役商会では軽微であっても罪を犯した役者は問答無用で脱退させていると書いてありました。

八名さんのキャラを調べると、フットワークの軽い子守熊。やっぱり「EARTH」らしく、はじめにキチンとルールを決めてるんですね。また、1983年の結成時より現在まで、老人ホームや刑務所などを訪問するボランティア活動を続けているそうです。お若い頃から長期展望でものを考えている人なんでしょうね。

　そういえば、新人アイドルを売り出すときに、プロダクションはキャラクターづくりをします。「この子は物静かなキャラクターでいこう」とか「全面的に明るさを強調して元気娘で」とか、あるいは「不良っぽいイメージにしよう」とかね。本人は人前ではそのイメージを守らなくてはいけなかったので、私も取材で「好きな食べ物は？」と聞かれたら「イチゴ」とか「ショートケーキ」とか可愛く答えなさいとマネージャーに指導されてました（笑）。間違ってもアイドルが「スルメイカ」とか答えちゃいけない時代だったのです。

　当時から個性心理學を知っていたら「表面はこんな感じだけど、本当はこういう人なんだろうな」とわかるから便利だっただろうけど、それがわからなかったから、結構、勝手に人を誤解していたことがあったかも知れません。

　時代は移り変わり、いまは個性を重視されるようになって来ましたし、アイドル達も、自分の意見を言えるようになって、もっと身近な「手の届くアイドル」に変わって来ましたね。素を出したほうがウケる時代だし、お茶の間の皆様が共感してくれたり珍しがったりして人気者になっていきます。

　「ちょっぴり大人、白石まるみ55歳です♪　好きな食べ物は、トコロテンです！」

　私も、思い切り手が届くおばさんとしてこれからも頑張って行きたいと思います（笑）。

●Yさん

私は今から約40年前、15歳の高校入学式の前日（S.53.4.9）に、TBSテレビのドラマ『ムー一族』の一般公募オーディションで、4万人の中から次点として選ばれ、同番組にて女優デビューしましたが、その時に、スタッフにこう言われました。

「君は今まではテレビを見る側の人だったけど、明日からは、見られる側になるんだから、ミーハーな気持ちを一切捨てて、有名人と会っても絶対に騒がないように。同じ仕事をしている先輩と思って接しなさい」

15歳の子どもながら、その言葉をしっかりと受け止め、一切のミーハーな気持ちを捨てました。なので、その日以来、誰を見ても感動しなくなってしまったのだけれど、先日、久しぶりにミーハー心に火がついてしまう出来事がありました。

普段テレビ局ですれ違うようなタレントさんたちと仕事場でお会いしても何とも思わない私ですが、コンサート会場でしかお会いできないような方と、たまたま、お寿司屋のカウンターで隣になったのです。

60歳を超えても現役のスーパーロックスターです。　脳が「芸能人モード」になっていなかったので、瞬時に「あ！　Yさんだ」と心臓がドキドキしました。

この日は個性心理學の打ち合わせで弦本先生と一緒だったのですが、この発見を小さな声で「Yさんがひとりで食事してますね♪」と伝えたところ、先生も一瞬、目と鼻の穴を大きく開き興奮状態（笑）。普段会えないような人が突然目の前に現れると、私たち人間は全身の毛穴が開くというか、みんな同じ顔をするんだなと思いました。しかも店内は貸切状態。お客さんは私たち3人だけです。

その日の私は、見たいのをじっと我慢。プライベートなのでそっとしておくことを選択したのですが、となりに座ってますから、静かなお店の中ではどうしても声が聞こえます。Ｙさんのイメージは言葉少なくカッコいい感じ。私の友人にも彼のファンが沢山いますが、みんな彼を「神」と崇拝してます。

でも動物キャラは黒ひょう。人懐こく良くしゃべるキャラクターです。店の大将と楽しそうにずっとお話されている様子をみて「いつまでも現役でカッコよく情報通。話好きだし、完全に黒ひょうさんだ！」と納得。さらに60分類では何の黒ひょうだろう？　と、その場で調べると、情熱的な黒ひょう（気さくながらTOPを狙う情熱家）でした。

しかも、驚くことに、その日はＹさんの誕生日だったのです。私たちはこの素敵な偶然にびっくり！　これは話しかけずにはいられないと思い、食事が終わるのを待ってから「はじめまして、白石まるみです。Ｙさん、お誕生日おめでとうございます」と話しかけてみました。

すると、ニコニコしながら「さっきもスポーツジムで言われたんだよね。なんで、みんな俺の誕生日知ってるんだろう？」と驚いてましたが、帰るときに、私たちの横で立ち止まり「お先にご無礼いたします」といって去っていきました。大スターなのになんて謙虚でスマートなのでしょう。めっちゃカッコよかったです。しばらくポーっとしていました。そして黒ひょうだったら、握手を求めてもよかったなぁと先生と後悔しました。でも、その代わり私たちは貸切状態の部屋で、生でＹさんの「ヨロシク！」を聞きました。うらやましいでしょう？　ふふふ（笑）。

●Tさん

私は15歳の時にドラマでデビューしました。レギュラーでスタジオで撮るテレビドラマや舞台は、最初に役者みんなで集まって自己紹介。その後、本読みしたり、何回もリハーサルをして本番……その間に相手の役者さんとの距離も縮み仲良くなるから良いのですが、最近は1台のカメラで撮る形式のドラマも多く(特に2時間ドラマとかサスペンスとかね)意思の疎通ができないままに、本番を迎えるんですね。

撮影の流れとしては、まず台本だけ先にもらっておいて個人的にそれぞれが台本を読みます。役者は時間ごとに区切られて、衣装合わせに行くんですが、そこで、それぞれが今回のスタッフを紹介され、監督と役者が打ち合わせをします。次に会うのはいきなり現場です。

だから撮影当日は「おはようございます。本日、恋人役をやらせていただきます白石まるみです」とご挨拶。で、数分後にはキスシーンがあったり、ベットシーンがあったり……あるいは「はじめまして! 白石まるみです」と挨拶したあと、親友役の先輩女優の顔をひっぱたいて大ゲンカするシーンを撮ったり……そんな非日常的なことがあるわけです。それが仕事ですが、いくら演技と割り切っていても、やはり相手のことがよくわかってないのでとても緊張します。

でも、この便利なコミュニケーションツールを学んでからは、人間関係が楽勝です! 芸能人の誕生日はウィキペディアで調べられますから、誕生日を本人に聞かなくても、すぐに個性が調べられます。ラッキー♪

以前、ケーナ奏者でもあるイケメン先輩俳優のTさんと、ドラマ

でご一緒したことがありました。私が銀座の一流クラブのママの役で、Ｔさんが警視庁の幹部の役だったのですが、スタッフさんに「照明変えるんで15分ほどお待ちくださ〜い」と言われ、オールロケのサスペンスだったので、現場で待機してました。この時間に少しでも、初めて会ったＴさんと仲良くなりたくて、キャラを調べると「足腰の強いチータ」です。私は即座にこう言いました。

　「Ｔさん。質問があるんですが、夜寝るときパンツ履いてませんよね？」って。

　Ｔさんは目を丸くして「え？　なんで知ってるの？（笑）。そうなんだよ、僕は昔から下着はつけず直接パジャマのズボンを履く派なんだ」。私がニッコリ「はい。知ってます」と応えると、とても不思議そうな顔をして「え、なんで。君、僕が寝てるところ見たことあるのか？」と大笑い。その後は、ずっと周りの役者さんたちとアニマロジーの話に花が咲いて、良い雰囲気のまま無事にお店のシーンの撮影を終えました。

　ちなみにＴさんはお子さんがいるので、今は教育上良くないからと、下着はちゃんとつけているそうです。

●**たけしさんとさんまさん**

　先日、テレビを見ていたら、たけしさんとさんまさんがトーク番組でこんな会話をしていました。

さんまさん「俺たちがずっとＴＯＰにいたら、次の若い芸人たちが育たないと思うから、たけしさんに一緒に引退しようと言ったのに、この人は絶対辞めないというんだよね」

たけしさん「おいらは辞めないよ。さんまも辞めちゃだめだよ。若い芸人たちは、おいらたちを乗り越えてTOPに立たなきゃ駄目なん

だよ。その時は潔く次の時代の芸人たちにバトンタッチするけど、おいらはそういうすごい芸人が出てくるまで絶対に辞めない」

さんまさん「いや、俺たちがいなくなれば、みんなの仕事が増えて、伸び伸びと芸を広げられると思うんだよなぁ。だから、俺は本当に退こうと本気で思っているんだけど」

たけしさん「いや、絶対にどかない（笑）」

　こんな風な会話を聞いて、猿（たけしさん）と、虎（さんまさん）の会話らしいなと微笑んでしまいました。

　四柱推命では「十二星運」といって、12種類の星で運勢の強弱を人間の成長過程に表し名づけていますが、動物円グラフでいうと猿の精神性は「小学生」で子ども。堅苦しい雰囲気が苦手。何でもゲーム感覚で楽しみます。ですから何でも勝負ごとにこだわり、例えトランプゲームのような遊びでさえも、その勝負に「勝ちたい」と思って頑張るのです。たけしさんは、本来ならば、TOPに君臨しているスゴイ方なので、若手など相手にしない位のスターですけど、そこはさすが猿。大御所だけど精神性はカツオ君みたいな愉快でとぼけた性格です。いまだに被り物をしたり頭から水をかぶったり、若手と同じようなことをしてみんなを驚かせたり笑わせたりしてますよね（笑）。

　たけしさんは若い芸人さんたちに愛情をもって自らの胸を貸し「俺を超えてみなさい」と、親のような目線だけど、気持ちは「子どものこころ」を持って、手を抜かず、まっすぐに勝負してあげてるんだなぁと、ほっこりした気持ちになります。

　一方、さんまさんのキャラは虎で、精神性は「社長」ですから、すっかり大人。12動物の中で最もエネルギーに満ちあふれ、疲れ知らずのキャラです。虎の特徴は、自由、平等、博愛主義。常に回りを

気遣い、全体像を見ているし、面倒見がよく親分肌なので、みんなに「アニキ」のように慕われています。全部を手に入れた社長気質ですから、あとは自分が退けば次の世代の若者たちが伸びてくると大きな目で芸能界の全体像を見ているのでしょう。でも、さんまさんが芸能界からいなくなったら寂しいですよね。

おふたりとは、過去に何度もお仕事をご一緒させていただいてますが、裏表のない、とても素敵な方たちです。おふたりが出ていた番組を子どもの頃に見て芸人を目指したというお笑い芸人さんも沢山いますよね。若手を育てるのも大切ですが、これからはお年寄りも増えます。歳をとったおじいちゃん、おばあちゃんでさえも、よく知っているおふたりなのですから、これからもずっとずっと老若男女に「笑い」を届けて欲しいと心から思います。

●さんまさんと大竹しのぶさん

さんまさんと言えば、大竹しのぶさんと離婚しても、テレビで一緒にバラエティに出たり、ふたりの関係は面白いですよね。

本書のメインは自分の本質を知ることですが、実は1人の人間に4つのキャラがあることは前にお話しましたね。その4つのキャラがわかっていると気になる相手と自分との関係で面白いことがわかるんです。例えば、ふたりを比べると……

さんまさん		大竹しのぶさん	
本質	虎	本質	ペガサス
表面	ペガサス	表面	黒ひょう
意志	ひつじ	意志	虎
希望	こじか	希望	ひつじ

　相手に自分と同じキャラが１つでもあれば、すぐ友達になれるし、２つあれば親友、３つあればラブラブ、４つあれば超運命的出会いになると言われています。

　このふたりは、虎、ペガサス、ひつじの３つのキャラが見事に重なってますので、きっと出会った瞬間に「ビビビッ！」と体に電流が走り、ラブラブの関係になったと思われます。なんせ自分と似たタイプの相手ですから、急速に仲が良くなります。

　第一印象は、人前で演じている表面のキャラが前に出てくることが多いので、さんまさんは人からは天才のペガサスに見えます。大竹しのぶさんは本質がペガサスですから、自分と同じペガサス同士で感性も似ている！　と好印象をもったはずです。

　私たちは、外に出ると、本当の自分を隠し、自分を良く見せようとして違う自分が顔を出します（＝表面）。トイレやお風呂など、自分ひとりきりになったとき、やっと力が抜けて出てくる本当の自分（＝本質）、頭でものを考えるときに出てくる自分（＝意志）、理想像とも言える自分（＝希望）は、最初のうちは隠れています。

　最初は表面のキャラを演じているのですが、長く付き合っているうちに、本当の自分を出す割合が増えてくるので、相手にとっては「あれ？　最初に出会った頃と何かちがう……」となるのです。結婚前に一番確認しなきゃいけないところは本質のキャラの部分なんです。

以前、何かのトーク番組で確か大竹しのぶさんがふたりのケンカのエピソードを話していました。

　ある日、ふたりで某テーマパークでデートしたそうなんですね。乗り物の長蛇の列にふたりで並んでいると、超ビックカップルに気が付いたお客さんたちがザワザワしてきて、人だかりができてしまったそう。テーマパークのスタッフが混乱を避けるために「列からはずれ、先に乗りものに乗ってください。こちらにどうぞ」と言いに来たらしく、大竹しのぶさんは、ホッとして言われたとおりに列から外れると、さんまさんがついてこない。

　「何してるの？　せっかくだから行こう」と誘うと、さんまさんは「なんで俺たちだけ先に乗るんや。みんな１時間も並んでるんやで。そんなの俺たちだけずるいやろ。それに、並んで待つのも楽しみのひとつやろ。俺は並ぶ」と返答。周りで一緒に並んでいるお客さんたちにテレビと同じように愛想をふりまき、ずっとしゃべりまくっていたとか。大竹しのぶさんは「私たちがここにいると人だかりが出来て迷惑だし、せっかく早く乗せてもらえるというのに……変な人！って思った」と言ってました。細かい台詞は違ってるかも知れないけど、まさに、これはお互いの本質部分がよく出ているなぁと思います。

　大竹しのぶさんの本質はペガサスなので、まず、並ぶのが嫌いです。ペガサスは翼がついているので、じっとしてられないのです。ましてや、みんなが並んでるのにVIP待遇で先に乗せてくれるという申し出は、SUNグループにとっては最高のおもてなし。だからすごく嬉しかったはずです。ところが、さんまさんの本質は、平等とか公平を大切にする虎です。みんなの前で堂々と不正をするなんて許せません。本当は無駄が嫌いな虎さんですから、もしかしたら並

んでいる時間は、さんまさんだってカットしたいと思ったかもしれ
ません。でも、みんなの前で、堂々と自分だけ特別待遇を受けるの
は悪い気がしてしまうのです。

　さんまさんの本質は虎だから目標指向型、大竹しのぶさんはペガ
サスなので状況対応型。世の中の夫婦や恋人同士は、この「目標指
向型」と「状況対応型」の組み合わせが最も多いです。きっと自分に
ないものを持っているので惹かれあうんでしょうね。でも、この組
み合わせ、初めはいいんですが、長い付き合いになると、何かと相
手の行動でイライラすることが多くなってきます。

　虎は自分が正しいという思い込みも強く「自分の言うとおりにし
てればいい」と、相手を抑えつけてしまいがちです。ペガサスは束
縛が嫌いですから、抑えつけられると息苦しくなります。いつでも
自由に羽ばたいていたいのですから。

　でも離婚して、きっとお互いのしばりもなくなり、また、楽しく
付き合っていた頃のように気の合うお友達同士のような関係になれ
たんじゃないかな？　と勝手に想像しています。

　私は、デビューした頃「好きな女優さんは？」と聞かれたとき、必
ず大竹しのぶさんと答えていました。大竹しのぶさんは私の憧れの
女優さんなのです。私は40年近くも芸能界にいるけど、実は大竹
しのぶさんとは1度もお会いしたことがありません。

　そういえば、私の最初で最後の写真集『麻琉美』がワニブックスか
ら出たときに「写真集見たで」と、さんまさんから電話をもらいまし
た。そのときに、ドラマで初めて共演したという大竹しのぶさんの
ことを「あの女優さんは天才やで」と電話口で誉めまくっていたこ
とを今、急に思い出しました。そりゃそうです。彼女は天才！　ペ
ガサス女優なのですから。

Step4

Time Rhythm
【トキのリズム】

このStepでは「運気」について解説します。
どんな物事にもタイミングがあります。
良いトキ、イマイチなトキの特徴を知って、
かしこく運気を乗りこなしちゃいましょう！

運気にはサイクルがある

　私がデビューした1982年は同期がすごかったんです。「花の82年組」っていって、堀ちえみちゃんとか松本伊代ちゃんとか中森明菜ちゃんとかシブがき隊のみんなとか、今でもみんなが知っている人気者ばかりですよね。

　私は19歳の時に、ユーミンが作ってくれた素敵な曲で歌手デビューしました。曲はすごく良かったんですけれど、あんまり売れませんでした。テレビで歌ったのは指で数えられるくらいだったし、寂しかった。だから、つい私は「そんなにみんなと変わらないのに、なんで他のアイドルばかり人気が出るんだろう」ってうらやましく思ってました。

　「なんで私じゃダメなんだろう……」って。

　でも個性心理學を学んで、すべてのものごとには種類（＝個性）とサイクル（＝運気）があることを知りました。

　例えば梅の花がきれいに咲いている2月に、みんなが梅の花を見て「キレイねぇ〜」なんて写メをとったりしているのを見ても、桜の木は「梅さんばっかりいいなあ、花のない私には誰も振り向いてくれない」なんて思わなくていいんです。だって考えてみてください。桜が咲くのは4月なんですから。どんな花でも咲く時期と咲かない時期があります。

　それが人間で言う個性と運気です。

　2月には、まるで枯れたように見えた桜の木も、4月になると満開の花を咲かせますが、なんと春のわずかな期間に花開くために、前年の夏から準備をしているそうです。桜として美しく咲くために、しっかり準備をしているのです。

人間だって、咲く時期、咲かない時期があります。自分の花咲く時期を知り、ちゃんと準備をしていないと、せっかくのチャンスも活かせません。

　逆に、悪いときも準備できるといいですよね。

　天気予報を見て「今日は天気が悪そうだから折りたたみ傘を持っていこう」とか「台風が来るみたいだから、来週の旅行は再来週に延期しようか」というのと同じように、自分の運気を知って「今日は運気が悪そうだから気をつけよう」って慎重に行動したり、プランを変更したりすれば、大難を小難に変えることができます。心の準備さえできていれば、何の問題もありません。

　運気をあらかじめ知っているのと、知らないのとでは、大違い。

　アニマロジーは「知らなければ悲劇、知っていれば喜劇」なんです。

　……知っていると笑いが止まりません。

天のエネルギーリズム

60キャラクターには、10種類の天のエネルギーリズムがあります。

まずは下の表で自分のキャラクターがどのリズムかをチェックしましょう (キャラクターの出し方は10ページを見てください)。

キャラクターとリズムの対応表

大樹	01 長距離ランナーのチータ	11 正直なこじか	21 落ち着きのあるペガサス	31 リーダーとなるゾウ	41 大器晩成のたぬき	51 我が道を行くライオン
草花	02 社交家のたぬき	12 人気者のゾウ	22 強靭な翼をもつペガサス	32 しっかり者のこじか	42 足腰の強いチータ	52 統率力のあるライオン
太陽	03 落ち着きのない猿	13 ネアカの狼	23 無邪気なひつじ	33 活動的な子守熊	43 動きまわる虎	53 感情豊かな黒ひょう
灯火	04 フットワークの軽い子守熊	14 協調性のないひつじ	24 クリエイティブな狼	34 気分屋の猿	44 情熱的な黒ひょう	54 楽天的な虎
山岳	05 面倒見のいい黒ひょう	15 どっしりとした猿	25 穏やかな狼	35 頼られると嬉しいひつじ	45 サービス精神旺盛な子守熊	55 パワフルな虎
大地	06 愛情あふれる虎	16 コアラのなかの子守熊	26 粘り強いひつじ	36 好感のもたれる狼	46 守りの猿	56 気どらない黒ひょう
鉱脈	07 全力疾走するチータ	17 強い意志をもったこじか	27 波乱に満ちたペガサス	37 まっしぐらに突き進むゾウ	47 人間味あふれるたぬき	57 感情的なライオン
宝石	08 磨き上げられたたぬき	18 デリケートなゾウ	28 優雅なペガサス	38 華やかなこじか	48 品格のあるチータ	58 傷つきやすいライオン
海洋	09 大きな志をもった猿	19 放浪の狼	29 チャレンジ精神の旺盛なひつじ	39 夢とロマンの子守熊	49 ゆったりとした悠然の虎	59 束縛を嫌う黒ひょう
雨露	10 母性豊かな子守熊	20 物静かなひつじ	30 順応性のある狼	40 尽くす猿	50 落ち込みの激しい黒ひょう	60 慈悲深い虎

同じグループには色んなキャラが混じっていますが、動物キャラが異なっても、3分類を超えて、生まれつきの感情の傾向 (性質) が似ている仲間です。

リズムごとにどんな性質なのかは、そのグループに属するキャラの名前を見ると、何となくわかりますね。

それぞれのリズムの性質

それぞれのグループの性質について解説しましょう。

大樹
Big tree
独立心旺盛で曲がったことが嫌いなマイペース派

　自尊心が強くて我が道をコツコツと歩むマイペース人間。要領は良くないが、負けず嫌いで、じっくり時間をかけて取り組む努力家。

　天に向かってまっすぐに伸びる大樹のような人。独立心旺盛で気持ちがストレート。人との調和を大切にしますが、ガンコなところもあります。

　1 長距離ランナーのチータ　**11** 正直なこじか　**21** 落ち着きのあるペガサス　**31** リーダーとなるゾウ　**41** 大器晩成のたぬき　**51** 我が道を行くライオン

草花
Grass
人を和ませる社交性と柔軟性を持つマイウェイ派

　オープンな性格で誰とでもすぐに仲良くなり、協調性に富む社交家。気配りができて世話好きで面倒見もよく人脈の広さはピカイチ。一方、楽天的なので三日坊主な面も。

　人々の心を和ます草花のような人。気持ちがこまやかで、社交的なところが魅力。踏まれても起き上がる雑草のような強さをもっています。

　2 社交家のたぬき　**12** 人気者のゾウ　**22** 強靭な翼をもつペガサス　**32** しっかり者のこじか　**42** 足腰の強いチータ　**52** 統率力のあるライオン

太陽
Sunshine
無邪気で天真爛漫に輝くピース派

　大らかで柔軟性に富み、感情豊かで明るく元気な人気者。美味しいモノに目がない食道楽で、自然体で自由を愛する楽天家。

　太陽のように熱血でエネルギッシュな人。

　感情豊かで情にもろい。天真爛漫なところが魅力で、細かいことにこだわらず行動します。大人になっても子どもっぽく無邪気なところがあります。

　3 落ち着きのない猿　13 ネアカの狼　23 無邪気なひつじ　33 活動的な子守熊　43 動きまわる虎　53 感情豊かな黒ひょう

灯火
Candle light
喜怒哀楽が豊かで寂しがりやのロマン派

　うちに激しい情熱と、情にもろいデリケートな面を合わせ持つ、芸術家肌のロマンチスト。個性を重視し、好き嫌いがはっきりしているが、心を開いた相手にはトコトン親切。でも思い通りにならないとスネて困らせることも。

　闇を照らすキャンドルのような人。感情豊かな明るい性格です。

　燃え上がる情熱と、情にもろいナイーブさを秘めています。

　4 フットワークの軽い子守熊　14 協調性のないひつじ　24 クリエイティブな狼　34 気分屋の猿　44 情熱的な黒ひょう　54 楽天的な虎

山岳
Mountain
義理人情に厚い雄大な心のヒューマニティ派

　奉仕精神が高くて面倒見もよく誰からも頼られる人情家。愛情深くお人好しの博愛主義者で、山のようにどっしりと構えた人。

　地に足のついた生き方をする現実派。金銭感覚はバツグンだけど、ケチではなく気前もいい。

　面倒見がよいので、何かと人に頼りにされることが多いです。

　5　面倒見のいい黒ひょう　15　どっしりとした猿　25　穏やかな狼
　35　頼られると嬉しいひつじ　45　サービス精神旺盛な子守熊　55　パワフルな虎

大地
Field
堅実で包容力のある気どらないリアリティ派

　温和な人柄と誠実さを備え、コツコツ努力を重ねる堅実派。自分のペースでじっくりスキルやキャリア、人間関係を築くしっかり者。結婚願望も強く相手に尽くすタイプですが、裏切られたら倍返し。お金は使うより貯蓄好き。

　広大な大地のような人。気さくな庶民派で、大きな包容力をもっているので多くの人から好かれます。夢をゆっくりと追い求めるタイプの人。

　6　愛情あふれる虎　16　コアラのなかの子守熊　26　粘り強いひつじ
　36　好感のもたれる狼　46　守りの猿　56　気どらない黒ひょう

鉱脈
Metal
気性が激しく何事も全力投球のワイルド派

　喜怒哀楽の感情が顔や態度に出る裏表のない正直者。

　純粋だけどひたむきに、思い立ったらすぐに行動に移して人生を切り開いていく。逆境があると燃えるタイプ。ハンドルを握ると人が変わる。

　深い山懐から掘り出された強靭な鉄のような人。鍛えれば鍛えるほど成長します。パワフルですべてのことに全力投球します。

　7 全力疾走するチータ　17 強い意志をもったこじか　27 波乱に満ちたペガサス　37 まっしぐらに突き進むゾウ　47 人間味あふれるたぬき　57 感情的なライオン

宝石
Jewelry
自尊心と責任感の強い完璧主義のエリート派

　常識や世間体を考えて行動する誇り高き優等生。プライドが高く、知性や品格、自制心も備え、冷静な判断ができるゆえにハメをはずせずストレスを感じやすいタイプ。自分に厳しく几帳面で真面目。原石が磨かれて宝石になったような人。外見は華やかでも内面は繊細で神経質。感情の鋭さがストレスを招くこともあるので注意が必要です。

　8 磨き上げられたたぬき　18 デリケートなゾウ　28 優雅なペガサス　38 華やかなこじか　48 品格のあるチータ　58 傷つきやすいライオン

海洋
Ocean
常に新しいものを求め自由と変化を愛するユニーク派

　夢とロマンを抱いて行動し、自由と変化を求めるチャレンジャー。束縛を嫌い、常識にとらわれず、思ったら即行動。臨機応変で柔軟性が高い冒険家なので、海外とも縁が深い。枠にはまることが苦手です。

　果てしなく広がる大海のような人。自由を愛し束縛を嫌い、夢とロマンを胸に、物事に動じない人生を送ります。

　9 大きな志をもった猿　19 放浪の狼　29 チャレンジ精神の旺盛なひつじ　39 夢とロマンの子守熊　49 ゆったりとした悠然の虎　59 束縛を嫌う黒ひょう

雨露
Rain Drop
慈愛に満ちた母性愛と知性のロジック派

　知的好奇心旺盛で物事を論理的にとらえる理論派で饒舌です。

　知識人で、伝達能力、表現にも優れた研究者・教育者タイプ。身内意識が強く家族や仲間には細やかに愛情を注ぎますが、常に自分の世界を生きています。

　雨粒や霧などひと粒のしずくのような人。慈愛に満ちた母性愛と知性をもち、形を自由自在に変えられる柔軟性があります。

　10 母性豊かな子守熊 20 物静かなひつじ 30 順応性のある狼 40 尽くす猿 50 落ち込みの激しい黒ひょう　60 慈悲深い虎

それぞれのトキ（運気）

　自分のリズム（性質）がわかったら、今度はトキ（運気）を調べましょう。

　アニマロジーでは、私たちが一般に使う「時」つまり時間や時刻と、運気のサイクルを区別するために、運気のサイクルを「トキ」とカタカナ表記にしています。

　今年の自分のトキがどれに当てはまるか151ページの表を参照してください。特に注意して欲しいのは「浪費」「整理」「焦燥」などです。これらのトキには、体力やお金の浪費が多かったり、人間関係を整理したり、トラブルが起きやすい傾向にあります。

整理
身辺整理で心身ともに変わるトキ

　物事の判断基準があいまいになり、気分的にもスッキリしないトキです。

　動きまわるトキではないのですが、発想は豊かになるので長期的にプラス思考で独自の世界に思いを馳せてください。必要なモノとそうでないモノを選別し、不要なモノは捨ててください。人間関係も同じです。不要な人との関わりが、あなたの成長を阻害する最大要因だからです。

　どんどん捨てることで気の流れを変え、運気が確実にアップします。ただし、捨てるだけでなく捨てられる場合もありますから、気をつけて。

　ちなみに私は、整理の年、整理の月に引っ越しをしました。

総合運：３　恋愛運：３　金運：２　健康運：３

学習
よく学びよく遊べる楽しいトキ

今までスッキリしなかった頭が霧が晴れたように明瞭になり、心身ともに明るい時期です。何事も吸収し、学ぶ姿勢を大切にして努力しましょう。

その姿勢は周囲から尊敬され、努力はやがて社会的に認められ報われます。文字通り勉強や受験には最適な運気です。資格を取ったりスキルアップに励んでみて。

女性には結婚運や金運に恵まれ最良の年となるでしょう。

総合運：6　恋愛運：7　金運：6　健康運：5

活動
スタートダッシュを決めるワクワクのトキ

体調もよくなり、気力も充実しているトキです。自分の考えや気持ちを前面に出して行きましょう。新たな計画を行動に移すトキです。

私たちが生まれた生年月日は、実はみな「活動」の日なのです！生命の源であり、新しい息吹でもあります。無限の可能性を秘めていると言ってもいいでしょう。

しかし、まだ誕生したばかり。注意深く見守りながら、着実に前進して行きましょう。

総合運：5　恋愛運：5　金運：4　健康運：6

浪費
エネルギーが漏れてしまう要注意のトキ

　なんとなく体調もすぐれず、気力も衰えている時期です。相手の都合でドタキャンされることも多いトキ。とても疲れやすいので、無理せず体力を温存しておきましょう。

　特にお金に関することは注意してください。まるでお財布に穴が空いたように浪費してしまうことがあります。人間関係にも注意しながら生活することが大切です。睡眠時間もしっかりとって、体調管理を万全にしましょう。体調が悪いと感じたら早めに病院へ。

総合運：２　恋愛運：２　金運：１　健康運：１

調整
いったん休憩〜のんびり平穏なトキ

　精神的にも安定しており、心に余裕があるので将来への見通しも明るいトキです。煩わしい人間関係から解放され、スムーズに物事が進みますが、気を引き締めていないとついつい怠惰な生活を送りやすく、思わぬミスを起こしてしまいます。

　体調も良く、取引先との関係も良好で気分はウキウキですが、新しいことを始めるよりも安定と家庭を重視して、家庭サービスに励むととても良い年になります。調整には「調和」という意味もあります。人と上手くつきあって、平穏なトキを過ごせるでしょう。

総合運：４　恋愛運：６　金運：３　健康運：４

焦燥
神経過敏で嵐の多いトキ

　知性と感性が研ぎ澄まされて、ちょっとした事でも気になったり、イライラするので「人間関係トラブル」が避けられなくなってしまいます。また、事故や怪我などにも注意が必要です。安全運転を心がけてください。

　この時期は常におおらかな気持ちで人と接するように心がけ、普段から信頼できる人を味方につけておきましょう。低い運気のトンネルの中にいますが、出口まであと少し。笑顔でガンバレ！

　気分転換に髪を切ったり、海外旅行は◎。良くも悪くも「当たりやすい年」なので宝くじなどは可能性アリですよ。

総合運：１　恋愛運：１　金運：５　健康運：２

投資
運命の出会いがある攻めのトキ

　自分から積極的に働きかけて物事が成就するトキです。人間関係は極めて良好で、今まで考えられなかった人たちとの運命の出会いがあり、今後のあなたに大きく関わってきます。家にいたらもったいないですよ。どんどん出かけてくださいね！　金運は良好ですが、出費も多い時期です。

　この時期に人のためにしてあげたことは、必ず自分に戻ってきます。そして、昇進、新しいビジネスチャンスの時でもあります。お金は貯めるよりは投資に回してください、異性との運命の出会いという暗示もあるので、新たな出会いの場を大切にしてください。ドキドキの年。

総合運：８　恋愛運：８　金運：９　健康運：１０

成果
恋愛よりも仕事に生きるトキ

全ての物事が順調に発展するトキで、上司・部下・同僚ともうまくやって行ける最高の時期です。積極的に行動することで、金銭面も物質面も共に良好で、計画していたことが全て実現する素晴らしい年です。

このチャンスを逃さないように、スケジュールもどんどん入れて、普段の何倍も頑張ってください。気力も体力も充実しているので疲れることを知りません。

ただ、仕事運はいいのですが、恋愛運はイマイチ。ここはひとつ恋愛をガマンして仕事に精を出してください。ギャンブル運も良好です。

総合運：9　恋愛運：4　金運：10　健康運：7

転換
心ゆらゆらイメチェンのトキ

自分を取り巻く環境を変えたい願望が大きくなり、転職・転居・別居といった新天地を求めたくなる時期でもあります。変身願望も強くなるので、イメチェンを図るのならこのトキです。今までと違う仕事がしたくなるのでスキルアップもGOOD！

動きが激しくなるので出費もかさみますが、ちゃんとそれなりに入ってくるので収支はトントンです。気持ちがウキウキしているので、楽しい年になるでしょう。恋愛・結婚は浮気に注意。あと、この時期はよく転ぶ人が多いので気をつけてくださいね。

総合運：7　恋愛運：9　金運：7　健康運：8

完結
モテ期到来！　運気ＭＡＸ

　何事に対しても、正しい判断ができる時期。結婚するなら、この年です。

出世や栄転、新しいビジネスチャンスとの出合いがあり、起業や受験にも最良のトキです。社会的に発展すると同時に金銭面でも恵まれ申し分ありません。男女ともにモテまくり、異性に縁のあるトキですが、特に女性は素晴らしい男性との出会いや結婚が期待できるでしょう。人の大勢集まるところには積極的に顔を出してください。

　女性も男性も一番美しく輝くトキ。この完結は、フィニッシュの意味ではなく「パーフェクト」です。お天気に例えるなら、この上ない快晴！　全てにおいて最高のトキですが、次に来る運気に備えることも忘れずに。

総合運：１０　恋愛運：１０　金運：８　健康運：９

10年間のトキのリズムを知る

　10のトキは同じパターンで繰り返します。運気の波の形は、2つのパターンに分けられます。グラフにすると下のような感じです。

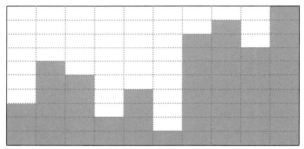

大樹・太陽・山岳・鉱脈・海洋のグループの運気グラフ

整理　学習　活動　浪費　調整　焦燥　投資　成果　転換　完結

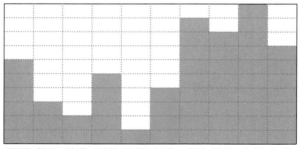

草花・灯火・大地・宝石・雨露のグループの運気グラフ

学習　整理　浪費　活動　焦燥　調整　成果　投資　完結　転換

その年の運気は下の表を見ると分かります。

1年ごとの運気(年運)は10年でぐるっと一周して元に戻るので10年分がわかれば、一生分の年運が計算できますね。

	大樹	草花	太陽	灯火	山岳	大地	鉱脈	宝石	海洋	雨露
2018年	投資	成果	調整	焦燥	活動	浪費	整理	学習	転換	完結
2019年	成果	投資	焦燥	調整	浪費	活動	学習	整理	完結	転換
2020年	転換	完結	投資	成果	調整	焦燥	活動	浪費	整理	学習
2021年	完結	転換	成果	投資	焦燥	調整	浪費	活動	学習	整理
2022年	整理	学習	転換	完結	投資	成果	調整	焦燥	活動	浪費
2023年	学習	整理	完結	転換	成果	投資	焦燥	調整	浪費	活動
2024年	活動	浪費	整理	学習	転換	完結	投資	成果	調整	焦燥
2025年	浪費	活動	学習	整理	完結	転換	成果	投資	焦燥	調整
2026年	調整	焦燥	活動	浪費	整理	学習	転換	完結	投資	成果
2027年	焦燥	調整	浪費	活動	学習	整理	完結	転換	成果	投資

※アニマロジーでは立春(2月4日)を年の始まりとしています。

月運を知る

年運があるように、その月ごとの運気もあります。

5年分の月運を一覧にしましたので参考にしてくださいね♪

ちなみにアニマロジーは太陰暦を採用しており、1年の始まりは2月4日。毎月、節入りである4〜8日（その月の最初の節日）から、1ヶ月がスタートします。

2018	大樹	草花	太陽	灯火	山岳	大地	鉱脈	宝石	海洋	雨露
1月	学習	整理	完結	転換	成果	投資	焦燥	調整	浪費	活動
2月	活動	浪費	整理	学習	転換	完結	投資	成果	調整	焦燥
3月	浪費	活動	学習	整理	完結	転換	成果	投資	焦燥	調整
4月	調整	焦燥	活動	浪費	整理	学習	転換	完結	投資	成果
5月	焦燥	調整	浪費	活動	学習	整理	完結	転換	成果	投資
6月	投資	成果	調整	焦燥	活動	浪費	整理	学習	転換	完結
7月	成果	投資	焦燥	調整	浪費	活動	学習	整理	完結	転換
8月	転換	完結	投資	成果	調整	焦燥	活動	浪費	整理	学習
9月	完結	転換	成果	投資	焦燥	調整	浪費	活動	学習	整理
10月	整理	学習	転換	完結	投資	成果	調整	焦燥	活動	浪費
11月	学習	整理	完結	転換	成果	投資	焦燥	調整	浪費	活動
12月	活動	浪費	整理	学習	転換	完結	投資	成果	調整	焦燥

2019	大樹	草花	太陽	灯火	山岳	大地	鉱脈	宝石	海洋	雨露
1月	浪費	活動	学習	整理	完結	転換	成果	投資	焦燥	調整
2月	調整	焦燥	活動	浪費	整理	学習	転換	完結	投資	成果
3月	焦燥	調整	浪費	活動	学習	整理	完結	転換	成果	投資
4月	投資	成果	調整	焦燥	活動	浪費	整理	学習	転換	完結
5月	成果	投資	焦燥	調整	浪費	活動	学習	整理	完結	転換
6月	転換	完結	投資	成果	調整	焦燥	活動	浪費	整理	学習
7月	完結	転換	成果	投資	焦燥	調整	浪費	活動	学習	整理
8月	整理	学習	転換	完結	投資	成果	調整	焦燥	活動	浪費
9月	学習	整理	完結	転換	成果	投資	焦燥	調整	浪費	活動
10月	活動	浪費	整理	学習	転換	完結	投資	成果	調整	焦燥
11月	浪費	活動	学習	整理	完結	転換	成果	投資	焦燥	調整
12月	調整	焦燥	活動	浪費	整理	学習	転換	完結	投資	成果

2020	大樹	草花	太陽	灯火	山岳	大地	鉱脈	宝石	海洋	雨露
1月	焦燥	調整	浪費	活動	学習	整理	完結	転換	成果	投資
2月	投資	成果	調整	焦燥	活動	浪費	整理	学習	転換	完結
3月	成果	投資	焦燥	調整	浪費	活動	学習	整理	完結	転換
4月	転換	完結	投資	成果	調整	焦燥	活動	浪費	整理	学習
5月	完結	転換	成果	投資	焦燥	調整	浪費	活動	学習	整理
6月	整理	学習	転換	完結	投資	成果	調整	焦燥	活動	浪費
7月	学習	整理	完結	転換	成果	投資	焦燥	調整	浪費	活動
8月	活動	浪費	整理	学習	転換	完結	投資	成果	調整	焦燥
9月	浪費	活動	学習	整理	完結	転換	成果	投資	焦燥	調整
10月	調整	焦燥	活動	浪費	整理	学習	転換	完結	投資	成果
11月	焦燥	調整	浪費	活動	学習	整理	完結	転換	成果	投資
12月	投資	成果	調整	焦燥	活動	浪費	整理	学習	転換	完結

2021	大樹	草花	太陽	灯火	山岳	大地	鉱脈	宝石	海洋	雨露
1月	成果	投資	焦燥	調整	浪費	活動	学習	整理	完結	転換
2月	転換	完結	投資	成果	調整	焦燥	活動	浪費	整理	学習
3月	完結	転換	成果	投資	焦燥	調整	浪費	活動	学習	整理
4月	整理	学習	転換	完結	投資	成果	調整	焦燥	活動	浪費
5月	学習	整理	完結	転換	成果	投資	焦燥	調整	浪費	活動
6月	活動	浪費	整理	学習	転換	完結	投資	成果	調整	焦燥
7月	浪費	活動	学習	整理	完結	転換	成果	投資	焦燥	調整
8月	調整	焦燥	活動	浪費	整理	学習	転換	完結	投資	成果
9月	焦燥	調整	浪費	活動	学習	整理	完結	転換	成果	投資
10月	投資	成果	調整	焦燥	活動	浪費	整理	学習	転換	完結
11月	成果	投資	焦燥	調整	浪費	活動	学習	整理	完結	転換
12月	転換	完結	投資	成果	調整	焦燥	活動	浪費	整理	学習

2022	大樹	草花	太陽	灯火	山岳	大地	鉱脈	宝石	海洋	雨露
1月	完結	転換	成果	投資	焦燥	調整	浪費	活動	学習	整理
2月	整理	学習	転換	完結	投資	成果	調整	焦燥	活動	浪費
3月	学習	整理	完結	転換	成果	投資	焦燥	調整	浪費	活動
4月	活動	浪費	整理	学習	転換	完結	投資	成果	調整	焦燥
5月	浪費	活動	学習	整理	完結	転換	成果	投資	焦燥	調整
6月	調整	焦燥	活動	浪費	整理	学習	転換	完結	投資	成果
7月	焦燥	調整	浪費	活動	学習	整理	完結	転換	成果	投資
8月	投資	成果	調整	焦燥	活動	浪費	整理	学習	転換	完結
9月	成果	投資	焦燥	調整	浪費	活動	学習	整理	完結	転換
10月	転換	完結	投資	成果	調整	焦燥	活動	浪費	整理	学習
11月	完結	転換	成果	投資	焦燥	調整	浪費	活動	学習	整理
12月	整理	学習	転換	完結	投資	成果	調整	焦燥	活動	浪費

講師は見た！　アニマロジー検証データ

●検証データ●

趣味が格闘技の真言宗の住職からの検証です。私は格闘技は詳しくないので、うちの講師たちがこうやって私の苦手分野を検証してくれると、とても助かります。

ロンドンオリンピック金メダリスト村田諒太のプロ転向後初の世界戦として注目された、2017年５月20日WBA世界ミドル級タイトルマッチ

　　　村田諒太(感情豊かな黒ひょう)
　　　　　VS
　　　アッサンエンダム(放浪の狼)

この試合は村田選手の判定勝ちに見えましたが、結果はアッサンエンダム勝利。世紀の不可解判定と言われるほどの誤審問題となりました。
12分類ヒューマンリレーションは、黒ひょう(村田諒太)がもっとも得意な相手の狼(アッサンエンダム)ですが、運気を見ると……
2017年、村田選手は浪費の年、学習の月、浪費の日(ほぼ浪費)
アッサンエンダム選手は成果の年、焦燥の月、成果の日(ほぼ成果)
アッサンエンダム選手は年と日が「成果」月が「焦燥」です。まるみさんが言うように「焦燥はいい意味で当たりがくる」という説を使うと、月の「焦燥」がよい方向に向いたのかな？　と思われます(た

だし試合内容は焦燥だったでしょう）。

村田選手は「手数が足りなかった」「ダウンを奪って勝ったと思った」と言っていましたが「浪費」の年「学習」の月「浪費」の日がそれを物語っているように感じました。

同じ運気が重なる時はその運気がかなり強くでるということがわかりました。

　　　　元プロ格闘家の住職　濱田淳史和尚(人間味あふれるたぬき)

_____

　運気には10年づつ変わる生涯の運気と毎年の運気、毎月の運気、毎日の運気、2時間ごとの運気があります。

　特にテレビやニュースなどをみて、芸能人やスポーツ選手を検証する場合は、まず、年月日の運気をみます。勝負運や金運が良いのは「成果」のトキ。

逆に「浪費」のトキは疲れるばかりであまり良い結果が出ない場合が多いです。

　今回の村田選手のように年月日の中に「浪費」が2つも入っている場合は要注意ですね。オリンピックなどのトップアスリートの競技でも「浪費」が入っていると、気持ちが優柔不断になりうっかりミスをしてしまったり、審判の誤審があったり、通常なら起きないような突拍子もないことが起きたりします。

　本来「焦燥」という運気も、イライラして人間関係でもめたりトラブルに巻き込まれることも多いのですが、焦燥に限っては「当たる」というキーワードがあり、実は悪いことばかりではないのです。例えば、車に当たってしまったら「交通事故」になってしまうけど、宝くじに当たったら「一攫千金。大ラッキー」な出来事になりますよね？　「焦燥」のトキは金運も良いので、思いかけず「賞金」も手に

入れることが出来たのです。

　今回のアッサンエンダム選手は観客の誰が見ても、ほとんど「負けてる」と思っていた試合だったのに、金運、仕事運が良いとされる「成果」のトキに月運の「焦燥」が上手く当たって、良い結果が出たという典型かもしれません。村田選手は「浪費」が二つも入り疲れきってしまった。勝ったと思ったのに判定で負けてしまった……。「まさかの負け」で、浮かばれない思いを「学習」してしまいました。

　この講師が言っている「12分類ヒューマンリレーション」は、12キャラの力関係のこと。

　あなたの周りに「なんかこの人といると安心する」とか「一緒にいると楽しい」「扱いやすい」という人や、なぜか「威圧感があって近づけない」とか「一緒にいるとソワソワする」「扱いにくい」っていう人がいるでしょう？

　実は、それぞれの個性（キャラ）に強い、弱いの力関係があるからです。

　本来、村田選手（黒ひょう）は、ヒューマンリレーションでアッサンエンダム選手（狼）に100対0で勝っています。扱いやすい相手だったはずなんですが、今回は運気に勝てなかった、ということになりますね。

　こうやって検証していくと、アニマロジーは深くて、とても面白い学びです。

運気あれこれ

あなたの今の運気はどうでしたか？　現在の年運や前後の年運が「浪費」や「焦燥」の人は、ちょっぴり落ち込んでしまったかもしれませんね。

でも、大丈夫！　悪いトキはそんなに長く続きません。3年間だけ気をつけて過ごせばいいのです。3年間といっても、2年目は必ず「調整」か「活動」のトキが挟まるので、中休みがあります。

私は15歳の時にドラマのオーディションで一般公募4万人の中から選ばれたラッキーガールですが、そのトキは、大きなリズムである生涯リズムが10年間ずっと「焦燥」のトキでした。

一生分の生涯リズムが知りたい方は、ホワイトタイガー支局のホームページをご覧ください。この本の巻末にQRコードを掲載しています。

「焦燥」は先ほどもお話ししたように「当たる」と言うのがキーワードになります。悪くとらえると

　　車に当たる→交通事故

　　人に当たる→人間関係のもつれ

となりますが、良く例えれば

　　宝くじに当たる→一攫千金

　　良い仕事に当たる→大抜擢

となるわけで、いいことも悪いことも極端に出やすいトキになります。

思い返すと私は14〜15歳の時、懸賞マニアでした。不思議なことに応募したハガキがやたら当選するので、当時私は調子に乗ってました。中学最後の記念に郷ひろみグッズを当てて友達にプレゼン

トしようと思い、残念賞のグッズ狙いで応募したのがきっかけで、大当たり！　一夜明けたら芸能人に突然なってしまったのです。気になる年運は「整理」でした。大ラッキーを当てて、今までの生活を捨てたわけです。流れが大きく180度かわりました。

そんな風に「焦燥」は悪いことばかりじゃありません。むしろ私は「焦燥」のトキのほうが、なにが起きるかわからないというドキドキ感でワクワクしたりします（笑）。ジェットコースターに乗る前の高揚感と、乗っている時のドキドキ感に似てるかな。だから、怖がらずに気をつけながら毎日を笑って楽しんでください。

そういえば、最近「焦燥」の日にノロウィルスに感染しました。食事に「当たった」のです。ガ〜ン。当たるものっていろいろあるのね。とほほ（苦笑）。

「浪費」も何となくやる気が出なかったり、体がだるかったり、気持ちが優柔不断になって無駄なお金を使いやすかったり……と、辛いトキであることは間違いないのですが、ここにも救いがあります。数年前、ずっと芸能界を休んでいるようにみえた有吉弘行さんが、突然、やたらテレビに出だして、どのチャンネルを見ても有吉さんだらけの時がありました。私は日々検証しているので「きっと、有吉さんは仕事運の良い成果の年なのだろう」と思い、誕生日を調べてみると、その年はなんと「浪費」の年でした。「あれ、なんで？」と思いましたが「なるほど、そうか！」と納得。毎日寝る時間もないくらい忙しいのですから、絶対、体は相当疲労困憊しているはずです。芸能人ですから人前では疲れている様子は見せませんが、どう考えたってめちゃくちゃ体力を「浪費」している訳です。

でも忙しくてお金は使うときがないから貯まります。だから、浪

費のトキは、大きく分けると「お金が出る」か「体力を使う」と考えてください。

　お金を浪費したくなければ、有吉さんのように仕事に全力投球すればいいのです。でもいくら貯まったからと言って、この時期、人にお金を貸したりしてはいけませんよ。厄払いで人に食事をご馳走したり、大判振る舞いするのはOKですが。

　運気の落ちているときに「どう過ごすか？」で今後の運気の在り方が変わってきます。しっかり前を見据えて、計画を練り「今、自分は何をしたらいいのか」を考えて、じっくり行動してくださいね。例えば、来年「浪費」を迎える人は、体力が落ちて病気をしやすくなるので、今のうちに健康診断しておくなど、早め早めの準備が大切です。「焦燥」はイライラしやすいのでキープスマイルで♪

　そして「俺の運気、数年絶好調！」と笑っているそこのアナタ！気をつけてください。いくら運気が良くても何もしなければ何も起きません。天気の良い日に家でダラダラいつものように寝ていたら何も良いことなんて起きないのです。

　特に「投資」のトキは、運命の出会いがあったりしますから、積極的にでかけましょう。人と会うという事は、お金も使います。けれど、浪費と違って「自分の意志」で使うのだから意味合いが全然違います。その後、その年に知り合った人の中で、今後のあなたの助けになる素敵な人が現れるでしょう。

　しかし、そんな運気の良いトキでも「うっかり」魔が差すこともありますから気をつけて。沢山の人との出会いの中には「いい人」を装って近づいてくる人もいます。見極めるのは自分です。出会った人の誕生日は必ず聞いて、アニマロジーの「トリセツ」を読むことを忘

れずに。そうしないと「転換」のトキなどはモテるものだからフワフワした気持ちになって、うっかり浮気をしてしまい、のちにバレて大変な目に遭うかもしれません。交通事故防止と同じで「注意一秒怪我一生」です。この場合「快楽は一瞬、責任は一生」とも言えますね。

　中国には「**愚者は占いに振り回され、賢者は占いを活用する**」ということわざがあります。

　いくら占いが大好きだからって、出た結果にいちいち一喜一憂していては自分の人生が占いに振り回され、全然楽しくなくなってしまいます。

　あなたは賢者になって、運気を上手に味方につけて、占いを活用してください♪

Step5

60 classification
【60分類】

3分類→12分類と学んできました。
最後は12分類の動物たちを、さらに細かく分けた
60分類のキャラクターについて解説します。

60分類の個性と相性

　人にはそれぞれ個性があり、人との出会いはすべて特別なものですが、なかでも3,600分の1の確率で出会う究極の相性があります。

　それがホワイトエンジェルとブラックデビルです。

　ホワイトエンジェルと結婚すると幸せになれる、逆にブラックデビルとの相性は最悪……と言われています。

　でもどういうわけか、人はホワイトエンジェルには最初、ときめきを感じることが少ないんです。すぐそばにいても、気付かなかったり、ピンと来ない。一方ブラックデビルは「なんかあの人、気になる」と魅力的に映りがち。人は自分にないモノを求めるのでしょう。

　人の相性にも 心の相性と身体の相性の2つがあります。

　心の相性が最高なのがホワイトエンジェル、身体の相性はブラックデビルという説もあります。ですから恋人関係で熱く燃え上がりたいなら、相性の数値が低くてもOK！　一緒に楽しい時間が過ごせればブラックデビルだって悪くはない相性と言えるでしょう。

01
長距離ランナーのチータ
Marathon CHEETAH

リズム／大樹

志の高い華麗なチャレンジャー

とても華やかなオーラの持ち主です。性格はマジメで誠実、人なつっこくて実年齢より若く見られます。ハッキリした理想主義者で、不正を許さない潔癖なところも。あいまいさを放置できないところや、プライドの高さから「ナマイキ」「自信過剰」と誤解されることも。お金と時間にはややルーズなところはちょっと……。

● ラッキーカラー…深緑
● ラッキーアイテム…成功哲学の本
● ホワイトエンジェル…26 粘り強いひつじ
● ブラックデビル…56 気どらない黒ひょう
● ベストフレンド…大きな志をもった猿
● 結婚にぴったり…粘り強いひつじ
● 恋人にして楽しいのは…ゆったりとした悠然の虎
　　　　　　　　　　　　パワフルな虎

02
社交家のたぬき
Sociable TANUKI

リズム／草花

ハートフルな気配りの天才

孤独が苦手で、多くの人に囲まれているほど安らぐという
ハートフルな人。控えめな態度で相手に合わせますが、お
世辞もウソも苦手。一見弱気で引っ込み思案ですが、実は
理知的なところもあって「この人は自分にとってプラスに
なるか?」と計算していることも。マジメで飾り気のない印
象があります。

- ラッキーカラー…黄緑
- ラッキーアイテム…ガラケー
- ホワイトエンジェル…**37** まっしぐらに突き進むゾウ
- ブラックデビル…**7** 全力疾走するチータ
- ベストフレンド…母性豊かな子守熊
- 結婚にぴったり…まっしぐらに突き進むゾウ
- 恋人にして楽しいのは…サービス精神旺盛な子守熊
  穏やかな狼

03
落ち着きのない猿
Restless MONKEY

リズム／太陽

元気で明るい人気者

みんなに元気を与える太陽のような人、親切で世話好きで、人に教えるのが上手。ケンカしてもすぐに仲直りし、あとを引かないさっぱりした性格。思ったことがすぐ顔に出る単純さもご愛嬌。自立心が強く、どんどん学んで成長します。スポーツ万能で頭の回転も速く、勝負強さと集中力はバツグン。でも飽きっぽい。

● ラッキーカラー…赤
● ラッキーアイテム…キーホルダー
● ホワイトエンジェル…**48** 品格のあるチータ
● ブラックデビル…**18** デリケートなゾウ
● ベストフレンド…放浪の狼
● 結婚にぴったり…品格のあるチータ
● 恋人にして楽しいのは…尽くす猿
　　　　　　　　　　慈悲深い虎

04
フットワークの軽い子守熊
Swift KOALA

リズム／灯火

人を見抜く交渉人の素質あり

直感力に優れ、人の本質を鋭く見抜きます。フットワーク
が軽く、明るくさっぱりしているけれど、神経質で、簡単
に人の話を信じない疑い深さもあるようです。気が短くせ
っかちな半面、ゆったりくつろげる時間がないとストレス
に。調子がよくて社交家ですが、本心を明かすのは数少な
い親友だけです。

- ●ラッキーカラー…オレンジ
- ●ラッキーアイテム…ポシェット
- ●ホワイトエンジェル…**59**束縛を嫌う黒ひょう
- ●ブラックデビル…**29**チャレンジ精神の旺盛なひつじ
- ●ベストフレンド…チャレンジ精神の旺盛なひつじ
- ●結婚にぴったり…束縛を嫌う黒ひょう
- ●恋人にして楽しいのは…落ち込みの激しい黒ひょう

人気者のゾウ

05
面倒見のいい黒ひょう
Caring BLACK PANTHER

リズム／山岳

世話好きで独立心旺盛

「自分は変わってるから、みんなが自分に興味をもつのは当然でしょ」という楽天的なところが魅力の愛されキャラ。

身のこなしはスタイリッシュでも細かいことには無頓着。世話好きで、頼まれると断れない一面も。見た目は穏やかだけど、強い意志と高いプライドをもつ負けず嫌い。孤独に強く独立心旺盛です。

● ラッキーカラー…茶

● ラッキーアイテム…ＣＤ

● ホワイトエンジェル…**10**母性豊かな子守熊

● ブラックデビル…**40**尽くす猿

● ベストフレンド…傷つきやすいライオン

● 結婚にぴったり…母性豊かな子守熊

● 恋人にして楽しいのは…リーダーとなるゾウ

全力疾走するチータ

06
愛情あふれる虎
Affectionate TIGER

リズム／大地

タフで自信たっぷりの大物

誰にでも親切で、明るく温厚、包容力のある楽天家。
自由平等を愛する博愛主義者、体力的にも精神的にもタフ
で、みんなに頼られてしまう人です。人に合わせるのは上
手だけど自分にも他人にも甘くルーズになりがちな弱点
が。自分の心に忠実なので人を恨んだり後悔したりはしま
せん。

● ラッキーカラー…黄
● ラッキーアイテム…ショートパンツ
● ホワイトエンジェル…**21** 落ち着きのあるペガサス
● ブラックデビル…**51** 我が道を行くライオン
● ベストフレンド…正直なこじか
● 結婚にぴったり…落ち着きのあるペガサス
● 恋人にして楽しいのは…気どらない黒ひょう
　　　　　　　　　　人間味あふれるたぬき

07
全力疾走するチータ
Sprinting CHEETAH

リズム／鉱脈

シャープで気高く全力疾走

妥協を嫌い、迷いなく突き進むときに一番輝く人。気高く、品よく優しさがあり、繊細でスキのない印象。

内面は負けん気が強くガンコ。権力に立ち向かう反骨精神の持ち主です。時に周囲と衝突ギリギリになることもありますが、優れた分析力と独創性、超プラス志向で瞬時に発想転換します。

- ●ラッキーカラー…グレー
- ●ラッキーアイテム…海外ファッション誌
- ●ホワイトエンジェル…**32**しっかり者のこじか
- ●ブラックデビル…**2**社交家のたぬき
- ●ベストフレンド…我が道を行くライオン
- ●結婚にぴったり…しっかり者のこじか
- ●恋人にして楽しいのは…面倒見のいい黒ひょう
                     情熱的な黒ひょう

08
磨き上げられたたぬき
Glorious TANUKI

リズム／宝石

見た目は温和、中身はキリッ

いつもニコニコ、愛想がよく、イヤなことがあっても表情に出しません。温和で目上の人からかわいがられますが、人を見る目は厳しく、隠し事などはすぐに見抜いてしまいます。

内面はプライドは高く、激しいところも。人の好き嫌いはハッキリ。伝統と秩序を重んじ「古きよき物」に価値をおきます。

● ラッキーカラー…白
● ラッキーアイテム…扇子
● ホワイトエンジェル…**43** 動きまわる虎
● ブラックデビル…**13** ネアカの狼
● ベストフレンド…落ち着きのない猿
● 結婚にぴったり…動きまわる虎
● 恋人にして楽しいのは…落ち着きのあるペガサス
　　　　　　　　　　物静かなひつじ

09
大きな志をもった猿
Ambitious MONKEY

リズム／海洋

ゲーム感覚で難題もクリア

どんなことでもゲーム感覚で楽しんで、いつの間にかエキスパートになれちゃう人。

好奇心旺盛で活動的。よく学び、積極的に取り組みます。明るくカジュアルな性格で、多少不調でも、楽しい雰囲気をつくろうと努めます。他人を受け入れる心の広さはあっても、自分を受け入れてもらうのはちょっと苦手なところが。

● ラッキーカラー…黒

● ラッキーアイテム…貯金箱

● ホワイトエンジェル…**54** 楽天的な虎

● ブラックデビル…**24** クリエイティブな狼

● ベストフレンド…情熱的な黒ひょう

● 結婚にぴったり…楽天的な虎

● 恋人にして楽しいのは…活動的な子守熊

　　　　　　　　　正直なこじか

10
母性豊かな子守熊
Merciful KOALA

リズム／雨露

甘えたくなる雰囲気が魅力

ナチュラルで安心してつきあえる人。ものわかりがよく世話好きで、とくに年下から信頼されます。

行動のテンポは速く物事の処理もスムーズ。自尊心が強く、疑い深い面もあるので、プライドを傷つけられるとびっくりするほど怒ることも。障害にぶつかると、穏やかな外見とは逆に、激しさを見せます。

● ラッキーカラー…紫

● ラッキーアイテム…入浴剤

● ホワイトエンジェル…5 面倒見のいい黒ひょう

● ブラックデビル…35 頼られると嬉しいひつじ

● ベストフレンド…穏やかな狼

● 結婚にぴったり…面倒見のいい黒ひょう

● 恋人にして楽しいのは…協調性のないひつじ

デリケートなゾウ

11
正直なこじか
Honest FAWN

リズム／大樹

まっすぐで素朴な甘えん坊

ストレートで裏表がない性格。曲がったことが大嫌い。初
対面の相手には警戒心を発揮し、穏和でおとなしい印象を
与えますが、内面に情熱と夢や希望を秘めています。

親しくなると、かわいいワガママが出ます。交友範囲は広
くはありませんが、末永く付き合える友人を確保していま
す。

● ラッキーカラー…深緑

● ラッキーアイテム…ぬいぐるみ

● ホワイトエンジェル…**16** コアラのなかの子守熊

● ブラックデビル…**46** 守りの猿

● ベストフレンド…全力疾走するチータ

● 結婚にぴったり…コアラのなかの子守熊

● 恋人にして楽しいのは…大きな志をもった猿

品格のあるチータ

12
人気者のゾウ
Popular ELEPHANT

リズム／草花

頼れるアニキ、アネゴタイプ

物怖じせず、積極的にテキパキ行動。

甘えや依存心がないので、束縛されたりベタベタした関係は絶対にNO。冷静で周りの変化に惑わされることなく、自分の精神状態の安定をキープします。ちょっとガンコで人付き合いは苦手。遊びも熱心だけど、仕事を優先する人です。

● ラッキーカラー…黄緑

● ラッキーアイテム…バラの花束

● ホワイトエンジェル…**27** 波乱に満ちたペガサス

● ブラックデビル…**57** 感情的なライオン

● ベストフレンド…優雅なペガサス

● 結婚にぴったり…波乱に満ちたペガサス

● 恋人にして楽しいのは…フットワークの軽い子守熊

　　　　　　　　　　　しっかり者のこじか

13
ネアカの狼
Cheerful WOLF

リズム／太陽

意外に？　ピュアで素直な人

一見、他人に無頓着なところがあり、クールに見えるさっぱりタイプですが、本当はピュアなハートの持ち主で、明るく素直な正義派。

独自の切り口と鋭い直感力で世の中を見るので、周囲を驚かせることもあります。

付き合うほどに魅力が増してくるタイプで、じつは隠れた人気者です。

- ⬤ ラッキーカラー…赤
- ⬤ ラッキーアイテム…ダイアリー
- ⬤ ホワイトエンジェル…**38** 華やかなこじか
- ⬤ ブラックデビル…**8** 磨き上げられたたぬき
- ⬤ ベストフレンド…品格のあるチータ
- ⬤ 結婚にぴったり…華やかなこじか
- ⬤ 恋人にして楽しいのは…頼られると嬉しいひつじ

夢とロマンの子守熊

14
協調性のないひつじ
Solitary SHEEP

リズム／灯火

ゆったり控えめ、相談役にぴったり

見栄を張らず、ゆったりした雰囲気で、ゆるやかに生きる
人。

人に合わせるのが上手で、相談を受けるのが好きです。

控えめなわりに、プライドが高いので、無理な押しつけは
やんわり拒否し、自説を曲げずに要求を通します。

心の中には高い理想を秘めています。

● ラッキーカラー…オレンジ

● ラッキーアイテム…ＬＥＤ照明

● ホワイトエンジェル…**49** ゆったりとした悠然の虎

● ブラックデビル…**19** 放浪の狼

● ベストフレンド…足腰の強いチータ

● 結婚にぴったり…ゆったりとした悠然の虎

● 恋人にして楽しいのは…夢とロマンの子守熊

　　　　　　　　　母性豊かな子守熊

15
どっしりとした猿
Dignified MONKEY

リズム／山岳

ひらめきと先進性で活躍

鋭いカンの持ち主で、手際よく結果を出すクールな能率主義者。経験を積むほどに磨きがかかります。

トレンドを先読みし、並はずれた集中力で何でもすぐに習得します。器用で人を動かすのも上手ですが、勝ち気で誇り高い性格。

周囲から恐れられることもありますが、ふだんはおおらかな性格。

- ⦿ ラッキーカラー…茶
- ⦿ ラッキーアイテム…スニーカー
- ⦿ ホワイトエンジェル…**60** 慈悲深い虎
- ⦿ ブラックデビル…**30** 順応性のある狼
- ⦿ ベストフレンド…慈悲深い虎
- ⦿ 結婚にぴったり…慈悲深い虎
- ⦿ 恋人にして楽しいのは…感情豊かな黒ひょう
                      大器晩成のたぬき

16
コアラのなかの子守熊
King KOALA

リズム／大地

カンがよくてタフな楽天家

神経質で臆病なところもありますが、楽天的で、人あたり
がソフトで好感をもたれます。でも本人は好き嫌いが激し
く、嫌いな相手はいくら困っていても知らんぷり、敵も味
方も多くなります。

カンがいいのでのみ込みが早く、厳しい訓練にも耐えられ
るタフな精神の持ち主。今はダメでも最後に笑うのは自分
だと思っています。

● ラッキーカラー…黄
● ラッキーアイテム…アロマオイル
● ホワイトエンジェル…11 正直なこじか
● ブラックデビル…41 大器晩成のたぬき
● ベストフレンド…しっかり者のこじか
● 結婚にぴったり…正直なこじか
● 恋人にして楽しいのは…優雅なペガサス
　　　　　　　　　　　無邪気なひつじ

17
強い意志をもったこじか
Strong-Willed FAWN

リズム／鉱脈

情熱を隠し持った保守派

知的で物静か、思いやりが深い優しい性格です。他人の評価は気になるし、うわさにも敏感。「現状維持」や「身分相応」が基本姿勢で、生活の急な変化は好まず、上下関係や礼儀を大切にします。

心の中は負けず嫌いの自信家で、責任感もあり、猛烈な闘争心と強い意志を秘めています。

● ラッキーカラー…グレー

● ラッキーアイテム…リップクリーム

● ホワイトエンジェル…**22** 強靭な翼をもつペガサス

● ブラックデビル…**52** 統率力のあるライオン

● ベストフレンド…社交家のたぬき

● 結婚にぴったり…強靭な翼をもつペガサス

● 恋人にして楽しいのは…クリエイティブな狼

順応性のある狼

18
デリケートなゾウ
Delicate ELEPHANT

リズム／宝石

アンバランスさが不思議な魅力
沈着冷静で、意志が強く、毅然とした態度ですが、内面は繊細、潔癖なところがあります。短気だけど、根は努力と根性がモットー。

腹を割った付き合いをし、人の気持ちの裏読みはしませんが、利害関係には敏感です。隣の内緒話はしっかり聞いているのに、目の前の人の話を聞いていないことも多い不思議な人。

● ラッキーカラー…白
● ラッキーアイテム…トロフィー
● ホワイトエンジェル…**33** 活動的な子守熊
● ブラックデビル…**3** 落ち着きのない猿
● ベストフレンド…強靱な翼をもつペガサス
● 結婚にぴったり…活動的な子守熊
● 恋人にして楽しいのは…母性豊かな子守熊
　　　　　　　　　　　粘り強いひつじ

182

19
放浪の狼
Wandering WOLF

リズム／海洋

我が道を行く、人生の旅人

世間の常識や伝統にしばられずに、独自の方法を発見する生涯挑戦者。

独特の雰囲気から奇人・変人に見られがちです。

裏表のない性格で、自分から他人にすり寄ることはできませんが、自分を理解してくれる相手には、愛情深く接します。頼まれたらイヤと言えないため人に利用されてしまうことも。

- ラッキーカラー…黒
- ラッキーアイテム…時計
- ホワイトエンジェル…**44** 情熱的な黒ひょう
- ブラックデビル…**14** 協調性のないひつじ
- ベストフレンド…どっしりとした猿
- 結婚にぴったり…情熱的な黒ひょう
- 恋人にして楽しいのは…しっかり者のこじか
  活動的な子守熊

20
物静かなひつじ
Harmonious SHEEP

リズム／雨露

冷静で穏やかなガンコ者

慎重派で、主観だけでは動かない冷静な人です。人の意見に逆らわず、安全な道を選ぶタイプ。人当たりは穏やかですが、理想が高く、強い自我があり、考えを曲げないガンコな面も。

また、周りに対して過剰な期待と夢を抱き、人と交流したい、でも、ひとりでいたい、という矛盾した願望をもっています。

●ラッキーカラー…紫

●ラッキーアイテム…預金通帳

●ホワイトエンジェル…**55** パワフルな虎

●ブラックデビル…**25** 穏やかな狼

●ベストフレンド…動きまわる虎

●結婚にぴったり…パワフルな虎

●恋人にして楽しいのは…磨き上げられたたぬき

クリエイティブな狼

21
落ち着きのあるペガサス
Calm PEGASUS

リズム／大樹

表現力豊かな感激屋さん

人なつっこく、好奇心旺盛、おだてにのりやすいオチャメ
な人。

他愛もないことに感激し、オーバーに感情を表現します。

穏和で社交的ですが、内心は神経質で警戒しがちな面も。

本心を悟られないよう、意識的に愛想よくふるまっている
ことがあります。

好き嫌いが激しく、一度信用したらとことん信じます。

● ラッキーカラー…深緑

● ラッキーアイテム…馬のオブジェ

● ホワイトエンジェル…**6** 愛情あふれる虎

● ブラックデビル…**36** 好感のもたれる狼

● ベストフレンド…気どらない黒ひょう

● 結婚にぴったり…愛情あふれる虎

● 恋人にして楽しいのは…大器晩成のたぬき

磨き上げられたたぬき

22
強靭な翼をもつペガサス
Flexible PEGASUS

リズム／草花

変幻自在な情熱家

ワイルドで落ち着いた雰囲気の情熱家。気位が高い印象を与えますが、気を許した相手にはフレンドリーに接します。想像力、分析力、洞察力に恵まれているため、相手の出方を鋭く見抜いて、臨機応変に対応します。人脈が豊富なリーダー的存在ですが、束縛されずに生きたいので、団体戦より個人プレイが好みかも。

● ラッキーカラー…黄緑

● ラッキーアイテム…コサージュ

● ホワイトエンジェル…**17** 強い意志をもったこじか

● ブラックデビル…**47** 人間味あふれるたぬき

● ベストフレンド…面倒見のいい黒ひょう

● 結婚にぴったり…強い意志をもったこじか

● 恋人にして楽しいのは…品格のあるチータ

統率力のあるライオン

23
無邪気なひつじ
Innocent SHEEP

リズム／太陽

駆け引き上手な寂しがり屋

柔軟で心優しい寂しがり屋で、どこか大人になりきれない幼さが残る人。物覚えが速く器用なので"人受け"はバッチリですが、内心は恥ずかしがり屋。目立つのがイヤなので、めったに本音は言いません。

だけど、本当は精神的な強さがあり、計算高い駆け引き上手。これはと思った人はホメまくって味方にひきいれます。

- ● ラッキーカラー…赤
- ● ラッキーアイテム…フィギュア
- ● ホワイトエンジェル…**28** 優雅なペガサス
- ● ブラックデビル…**58** 傷つきやすいライオン
- ● ベストフレンド…リーダーとなるゾウ
- ● 結婚にぴったり…優雅なペガサス
- ● 恋人にして楽しいのは…動きまわる虎

我が道を行くライオン

24
クリエイティブな狼
Creative WOLF

リズム／灯火

クールに判断できる努力家

豊かな教養・知識と高い理想・精神性のある人で高評価を受けることが多いでしょう。マイペースで計画・実行する努力派です。世の中を客観的にとらえ、自分の個性を上手に発揮します。

感情に左右されることなくさっぱりしていますが、人から指図されることを嫌い、世間体を気にしません。融通が利かない一面も。

● ラッキーカラー…オレンジ
● ラッキーアイテム…キャンドル
● ホワイトエンジェル…**39** 夢とロマンの子守熊
● ブラックデビル…**9** 大きな志をもった猿
● ベストフレンド…夢とロマンの子守熊
● 結婚にぴったり…夢とロマンの子守熊
● 恋人にして楽しいのは…物静かなひつじ

強い意志をもったこじか

25
穏やかな狼
Gentle WOLF

リズム／山岳

裏表のない正義派

気高い精神の持ち主です。メランコリックな気持ちに流されることもなく、苦労を苦労とも思わないので、一度に多くの物事を処理するのが得意。過去に引きずられたり、無計画な夢を見たりしない楽天的なリアリストとして、自分の生き方を守ります。

お世辞は苦手で、つい正直にものを言いすぎてしまうことも。

● ラッキーカラー…茶
● ラッキーアイテム…地図
● ホワイトエンジェル…**50** 落ち込みの激しい黒ひょう
● ブラックデビル…**20** 物静かなひつじ
● ベストフレンド…感情豊かな黒ひょう
● 結婚にぴったり…落ち込みの激しい黒ひょう
● 恋人にして楽しいのは…社交家のたぬき

リーダーとなるゾウ

26
粘り強いひつじ
Humane SHEEP

リズム／大地

スキのない努力家

好きなことや興味のあることは完璧を目指して粘り強く全力を尽くします。

雑学知識が豊富で、話題に困らない社交家です。また物腰柔らかで奥ゆかしい気品があり、助け合いの精神を大切にします。そのため「和」を乱す人は許せません。

自信家で負けず嫌い、思い通りにならないとスネることも。

- ● ラッキーカラー…黄
- ● ラッキーアイテム…パソコン
- ● ホワイトエンジェル…1 長距離ランナーのチータ
- ● ブラックデビル…31 リーダーとなるゾウ
- ● ベストフレンド…愛情あふれる虎
- ● 結婚にぴったり…長距離ランナーのチータ
- ● 恋人にして楽しいのは…デリケートなゾウ
       感情的なライオン

27
波乱に満ちたペガサス
Dramatic PEGASUS

リズム／鉱脈

個性が光る強烈キャラ

感受性も想像力も豊かな天才肌、強烈な個性の持ち主です。
気分のアップダウンが激しく、いつもは明るく活発ですが、
調子の悪いときは神経過敏で飽きっぽく、たびたび方針を
変えたりして長続きしないことも。

でも意識的に大らかな態度で接するので、社交面での失敗
は少ないようです。近寄りがたさと気安さを同時に感じさ
せる不思議な雰囲気の人。

● ラッキーカラー…グレー

● ラッキーアイテム…エルメスのスカーフ

● ホワイトエンジェル…**12** 人気者のゾウ

● ブラックデビル…**42** 足腰の強いチータ

● ベストフレンド…パワフルな虎

● 結婚にぴったり…人気者のゾウ

● 恋人にして楽しいのは…我が道を行くライオン

チャレンジ精神の旺盛なひつじ

28
優雅なペガサス
Elegant PEGASUS

リズム／宝石

ガンコで一本気な人気者

竹を割ったような性格で、卑怯なことが大嫌い。行動力が
あって若々しく一本気。情にもろく、お人好しです。自分
の意見は引っ込めないガンコ者。でも順応性・応用力にも
恵まれています。

責任感が強くて理想に走りやすく、内心を隠しきれないか
けひきベタですが、要領よく振る舞えない不器用さがかえ
って人を引きつけます。

● ラッキーカラー…白

● ラッキーアイテム…クリスタル製品

● ホワイトエンジェル…**23** 無邪気なひつじ

● ブラックデビル…**53** 感情豊かな黒ひょう

● ベストフレンド…束縛を嫌う黒ひょう

● 結婚にぴったり…無邪気なひつじ

● 恋人にして楽しいのは…コアラのなかの子守熊

　　　　　　　　　　　　正直なこじか

29
チャレンジ精神の旺盛なひつじ
Adventurous SHEEP

リズム／海洋

こう見えて負けず嫌い

マイルドで落ち着いたたたずまいの人。知的で聡明、謙虚な姿勢で物静かな雰囲気が好感をもたれます。人と接し、互いに助け合うことに喜びを感じる人で交流会などにもよく顔を出します。

何でも自分でやり遂げる意志と粘りの持ち主で、世の中の動きと経済的な側面に敏感で、負けん気の強さは人一倍。

● ラッキーカラー…黒

● ラッキーアイテム…枕

● ホワイトエンジェル…**34** 気分屋の猿

● ブラックデビル…**4** フットワークの軽い子守熊

● ベストフレンド…協調性のないひつじ

● 結婚にぴったり…気分屋の猿

● 恋人にして楽しいのは…波乱に満ちたペガサス

守りの猿

30
順応性のある狼
Adaptable WOLF

リズム／雨露

フェアでクールで、穏やかな人

押しが強く、どこにいても堂々としていて、上下関係など気にせずに分けへだてなく人と接する人。自分の考えに自信をもち、誰にでも率直な意見を述べるので、意地っぱりと思われることも。

本当は甘えも媚びも、八つあたりもしない、穏やかな性格です。態度や服装に知的な雰囲気があります。

● ラッキーカラー…紫

● ラッキーアイテム…プリザーブドフラワー

● ホワイトエンジェル…**45** サービス精神旺盛な子守熊

● ブラックデビル…**15** どっしりとした猿

● ベストフレンド…守りの猿

● 結婚にぴったり…サービス精神旺盛な子守熊

● 恋人にして楽しいのは…強い意志をもったこじか

　　　　　　　　　傷つきやすいライオン

31
リーダーとなるゾウ
Chief ELEPHANT

リズム／大樹

妥協知らずの頑張り屋さん

外面は荒削りで豪快、内面は素直でひたむき、愛嬌がある
さわやかな努力家です。仕事は手を抜かず妥協もしません。
人は人と割りきれず、相手を自分と同じレベルで考えるの
で、責任感のない人には窮屈がられることもあります。弱
音を吐かない分、挫折した時のショックは大きいようです。

● ラッキーカラー…深緑
● ラッキーアイテム…観葉植物
● ホワイトエンジェル…**56** 気どらない黒ひょう
● ブラックデビル…**26** 粘り強いひつじ
● ベストフレンド…人間味あふれるたぬき
● 結婚にぴったり…気どらない黒ひょう
● 恋人にして楽しいのは…穏やかな狼

　　　　　　　　面倒見のいい黒ひょう

32
しっかり者のこじか
Steady FAWN

リズム／草花

付き合い上手で気配り上手

仲間の潤滑油的存在。物事を丸く収め、誰も傷つけないよう配慮する、気配り上手の温かな人。人を喜ばせるのが大好きで、相手の怒りや不機嫌を受け流すのも得意です。NOと言えないお人好しの面も。

物事はテキパキと処理。たまに多少ワガママも言うけれど、甘え上手なので人から憎まれません。

● ラッキーカラー…黄緑

● ラッキーアイテム…花

● ホワイトエンジェル…**7** 全力疾走するチータ

● ブラックデビル…**37** まっしぐらに突き進むゾウ

● ベストフレンド…感情的なライオン

● 結婚にぴったり…全力疾走するチータ

● 恋人にして楽しいのは…人気者のゾウ

放浪の狼

33
活動的な子守熊
Active KOALA

リズム／太陽

鋭く先読みするデキる人

カンが鋭く時代を先どりするのが上手です。

素朴で飾り気のないおおらかな雰囲気ですが、実はナイーブなところも。頭の回転が速く要領がいいので、「できる人」と評価されやすい。

涙もろく、人情派。人生にロマンを求めながらも現実を見失わない人。

政治家的要素があり、つかみどころのない人だと思われがち。

● ラッキーカラー…赤

● ラッキーアイテム…抱き枕

● ホワイトエンジェル…**18** デリケートなゾウ

● ブラックデビル…**48** 品格のあるチータ

● ベストフレンド…ゆったりとした悠然の虎

● 結婚にぴったり…デリケートなゾウ

● 恋人にして楽しいのは…放浪の狼

　　　　　　　大きな志をもった猿

34
気分屋の猿
Playful MONKEY

リズム／灯火

平和主義者で争いを穏やかに回避

器用でのみ込みが速く、優れた集中力で不可能を可能にするバイタリティあり。考えるより行動が先なので、場あたり的になることも。

どんな場合でも穏やかですが、口ベタで仲よくなるきっかけをつかむのが苦手。神経質なので取りこし苦労も多いようです。争いは嫌いですが、多数派に付いたり自分の意志を曲げたりはしません。

● ラッキーカラー…オレンジ

● ラッキーアイテム…ジグソーパズル

● ホワイトエンジェル…**29** チャレンジ精神の旺盛なひつじ

● ブラックデビル…**59** 束縛を嫌う黒ひょう

● ベストフレンド…粘り強いひつじ

● 結婚にぴったり…チャレンジ精神の旺盛なひつじ

● 恋人にして楽しいのは…守りの猿

サービス精神旺盛な子守熊

35
頼られると嬉しいひつじ
Reliable SHEEP

リズム／山岳

頼りがいのあるアイディアマン

義理人情に厚く、正義感あふれる楽天的な情熱家。自分なりの価値観をもって、誰の前でも臆することなく悠々と構えます。

ひそかに自分こそ最高と思っているので指示や押しつけは嫌い、知的な構想力に優れていて、誰もが思いつかないことをポンと実現します。

粘り強いけれど、調子にのると失敗も。

- ● ラッキーカラー…茶
- ● ラッキーアイテム…アルバム
- ● ホワイトエンジェル…**40** 尽くす猿
- ● ブラックデビル…**10** 母性豊かな子守熊
- ● ベストフレンド…傷つきやすいライオン
- ● 結婚にぴったり…フットワークの軽い子守熊
- ● 恋人にして楽しいのは…尽くす猿

パワフルな虎

36
好感のもたれる狼
Lovable WOLF

リズム／大地

個性的な知性派アーティスト

多才で器用、強烈な個性がありますが、自分なりの信念が
あり、片寄った考え方はしません。客観的で落ち着いた雰
囲気が漂い、周囲の人にとって魅力的ですが、理解不能で
す。

利害や人情とも無関係。でもナイーブで、自分の揺れる感
情を人に見せられず、他人と距離をとってしまうため対人
関係は苦手。

● ラッキーカラー…黄
● ラッキーアイテム…辞書
● ホワイトエンジェル…**51** 我が道を行くライオン
● ブラックデビル…**21** 落ち着きのあるペガサス
● ベストフレンド…長距離ランナーのチータ
● 結婚にぴったり…我が道を行くライオン
● 恋人にして楽しいのは…楽天的な虎

動きまわる虎

37
まっしぐらに突き進むゾウ
Rushing ELEPHANT

リズム／鉱脈

健康的な色気が同性にも人気

色気があるのに異性に媚びたりしないため、同性に好感を
もたれます。根気・忍耐力ともにある器の大きな人で、折
り目正しく上品で、穏和な性格。欲のないクリーンな印象
を与えます。

目標をもって努力し、淡泊なので、失敗してもグズグズ落
ち込まずに切り替え上手。デリケートな一面もあり、細か
な気配りが上手です。

● ラッキーカラー…グレー

● ラッキーアイテム…絵画

● ホワイトエンジェル…**2** 社交家のたぬき

● ブラックデビル…**32** しっかり者のこじか

● ベストフレンド…強い意志をもったこじか

● 結婚にぴったり…社交家のたぬき

● 恋人にして楽しいのは…人間味あふれるたぬき

　　　　　　　　　　落ち込みの激しい黒ひょう

38
華やかなこじか
Beautiful FAWN

リズム／宝石

愛されたいピュアハートの持ち主

人から愛されたい気持ちが強く、人あたりが柔らかくていつも笑顔。でもなかなか本音を見せないので「何を考えているのかわからない人」と思われがち。内心は人や物事の好き嫌いが激しく、一度、嫌うともうダメだけど、愛情が確認できるとすべてをゆだねます。

子どものように純粋なので、心が揺れやすい面も。

- ラッキーカラー…白
- ラッキーアイテム…指輪
- ホワイトエンジェル…**13** ネアカの狼
- ブラックデビル…**43** 動きまわる虎
- ベストフレンド…順応性のある狼
- 結婚にぴったり…ネアカの狼
- 恋人にして楽しいのは…傷つきやすいライオン

落ち着きのない猿

39
夢とロマンの子守熊
Romantic KOALA

リズム／海洋

個性がキラリと光るロマンチスト

あっさりしたイヤ味のない性格で、人のペースに合わせる交際上手。

孤独が嫌いで、いつも人の輪の中にいます。物事の本質をすばやく見抜き、人を動かすのも得意だけれど、短気な性格を自覚しているので、いつも自分を抑えています。

独特なものの考え方をする個性派で、夢に向かって努力するロマンチスト。

● ラッキーカラー…黒

● ラッキーアイテム…スケジュール帳

● ホワイトエンジェル…**24** クリエイティブな狼

● ブラックデビル…**54** 楽天的な虎

● ベストフレンド…クリエイティブな狼

● 結婚にぴったり…クリエイティブな狼

● 恋人にして楽しいのは…ネアカの狼

　　　　　　　　協調性のないひつじ

40
尽くす猿
Devoted MONKEY

リズム／雨露

優れたセンサーで状況をキャッチ

人の気持ちを察するのが上手な人。

鋭い感受性と直感力があり、世話焼きでいつもマメマメしく立ち働いていますが、自分の感情はめったに外に出さないので、心に負担を抱えがち。

感情に流されず、仕事は合理的にこなします。

ムダ遣いはしないタイプで、いざというときのお金の使い方は上手です。

● ラッキーカラー…紫
● ラッキーアイテム…孫の手
● ホワイトエンジェル…**35** 頼られると嬉しいひつじ
● ブラックデビル…**5** 面倒見のいい黒ひょう
● ベストフレンド…頼られると嬉しいひつじ
● 結婚にぴったり…頼られると嬉しいひつじ
● 恋人にして楽しいのは…傷つきやすいライオン
　　　　　　　　　　　落ち着きのない猿

41
大器晩成のたぬき
Potential TANUKI

リズム／大樹

器が大きくBIGになりそうな予感

受け身で人に接し、愛嬌もあり、誰からも好感をもたれる温かい雰囲気の持ち主。大物の器があります。人の話をよく聞き、期待に応えようとするので、自分の感情を抑えて疲れることも。

理屈っぽくなく、経験重視の現実派。執着心はゼロで、常に前向きに進みます。本来は束縛を嫌い、自由気ままな行動を好みます。

● ラッキーカラー…深緑
● ラッキーアイテム…文庫本
● ホワイトエンジェル…**46** 守りの猿
● ブラックデビル…**16** コアラのなかの子守熊
● ベストフレンド…好感のもたれる狼
● 結婚にぴったり…守りの猿
● 恋人にして楽しいのは…どっしりとした猿
　　　　　　　　　　　　落ち着きのあるペガサス

42
足腰の強いチータ

Tough CHEETAH

リズム／草花

理想に向かってまっしぐら！

スピーディでスマート。動作もキビキビ、頭のキレは抜群で、イメージしたらすぐ行動する人。

冷静な判断ができるので、感情に流されず、損得の計算もしっかりします。人の心を見抜くカンのよさと教養あふれる説得力は大きな武器。

ファッションにも気を遣うおしゃれさんです。

● ラッキーカラー…黄緑

● ラッキーアイテム…輸入の石けん

● ホワイトエンジェル…**57** 感情的なライオン

● ブラックデビル…**27** 波乱に満ちたペガサス

● ベストフレンド…気分屋の猿

● 結婚にぴったり…感情的なライオン

● 恋人にして楽しいのは…統率力のあるライオン

束縛を嫌う黒ひょう

43
動きまわる虎
Energetic TIGER

リズム／太陽

頭脳明晰、デリケートな知性派

見るからにマイペースで落ち着きはらった人ですが、デリケートな神経と鋭い観察眼があり、雑然としたものを整理してまとめる力をもっています。

人の上に立って面倒を見るのが好きで、誰にでも誠心誠意尽くしますが、相手にも同じものを求めて厳しくなりがち。人に指図されたり世話になるのを嫌います。

● ラッキーカラー…赤
● ラッキーアイテム…サングラス
● ホワイトエンジェル…**8** 磨き上げられたたぬき
● ブラックデビル…**38** 華やかなこじか
● ベストフレンド…磨き上げられたたぬき
● 結婚にぴったり…磨き上げられたたぬき
● 恋人にして楽しいのは…好感のもたれる狼
　　　　　　　　　　　　無邪気なひつじ

44
情熱的な黒ひょう
Passionate BLACK PANTHER

リズム／灯火

気さくながらTOPを狙う情熱家

社交家で何にでも熱心に取り組む意欲と行動力の持ち主です。

腰が低くて人あたりはソフトだけれど、実は勝ち気で情熱的なしっかり者。かなりの情報通で、新しい物をいち早くキャッチ。

またリーダー気質もあり、さまざまな分野で活躍します。感情の起伏が激しく、感情のムラが仕事に影響することも。

● ラッキーカラー…オレンジ

● ラッキーアイテム…デジカメ

● ホワイトエンジェル…**19** 放浪の狼

● ブラックデビル…**49** ゆったりとした悠然の虎

● ベストフレンド…コアラのなかの子守熊

● 結婚にぴったり…放浪の狼

● 恋人にして楽しいのは…全力疾走するチータ

楽天的な虎

45
サービス精神旺盛な子守熊
Helpful KOALA

リズム／山岳

しっかりスジを通すロマンチスト

直感や美的感覚にすぐれたロマンチスト。親しみやすく、気品と教養があり、周囲の尊敬を集めます。

争いのない円満な人間関係を望み、誰とでも同じ距離を保ち、サービス精神旺盛なので、八方美人と思われがちだけど、筋の通らないことや強い者に無条件で従うのは嫌い。潔癖で、個人的な損得では動かない人です。

● ラッキーカラー…茶

● ラッキーアイテム…パワーストーン

● ホワイトエンジェル…**30** 順応性のある狼

● ブラックデビル…**60** 慈悲深い虎

● ベストフレンド…ネアカの狼

● 結婚にぴったり…順応性のある狼

● 恋人にして楽しいのは…気分屋の猿

　　　　　　　　　　　社交家のたぬき

46
守りの猿
Protective MONKEY

リズム／大地

コミュニケーション上手な堅実派

人の気持ちをくみ取るのがうまく、社交上手。
感情に流されることが少ないので幅広い世代から信頼されます。堅実で浮き沈みのない人生を歩みます。
小さいことにこだわらず、明るく元気ですが、内心はプライドが高く負けず嫌いなので、つい自分を大きく見せようと背伸びして、傷つくことも。

● ラッキーカラー…黄

● ラッキーアイテム…小銭入れ

● ホワイトエンジェル…**41** 大器晩成のたぬき

● ブラックデビル…**11** 正直なこじか

● ベストフレンド…落ち込みの激しい黒ひょう

● 結婚にぴったり…大器晩成のたぬき

● 恋人にして楽しいのは…チャレンジ精神の旺盛なひつじ

気分屋の猿

47
人間味あふれるたぬき

Mighty-Hearted TANUKI

リズム／鉱脈

控えめに見えて実は行動力のある情熱家

礼儀正しく、誠実・勤勉・忍耐がモットーの模範的人物。
場をなごませ人間関係の摩擦を減らす天才です。
若い頃から、すべてをあるがままに受け止める一種の「悟
り」の境地に達しているので、あきらめや無関心な態度を
とることも。でも内には闘志を秘めていて、目標を定める
と、ものすごい集中力を発揮します。

● ラッキーカラー…グレー
● ラッキーアイテム…和小物
● ホワイトエンジェル…**52** 統率力のあるライオン
● ブラックデビル…**22** 強靭な翼をもつペガサス
● ベストフレンド…統率力のあるライオン
● 結婚にぴったり…統率力のあるライオン
● 恋人にして楽しいのは…愛情あふれる虎
　　　　　　　　　まっしぐらに突き進むゾウ

48
品格のあるチータ
Graceful CHEETAH

リズム／宝石

明るく社交的でまっすぐな人

直感で行動するため、あわて者に見られがちですが、それ
も愛嬌のうち。誰とでも打ち解けられる開放的な社交家だ
けど、人の好き嫌いははっきりしています。義理人情に厚
い親分肌で鼻っ柱の強い勝ち気な面も。
生来の努力家で、気分がのると目標に向かってまっしぐら。
主観が優先しやすいので、冷静さを失わない注意が必要。

● ラッキーカラー…白

● ラッキーアイテム…Ｔバック

● ホワイトエンジェル…**3** 落ち着きのない猿

● ブラックデビル…**33** 活動的な子守熊

● ベストフレンド…波乱に満ちたペガサス

● 結婚にぴったり…落ち着きのない猿

● 恋人にして楽しいのは…正直なこじか

　　　　　　　　　強靭な翼をもつペガサス

49
ゆったりとした悠然の虎
Confident TIGER

リズム／海洋

おおらかで優しいお母さんタイプ

元気で人見知りせず、警戒したり媚びることのない真心の人。包容力や母性的な受容性にあふれ、人間関係を上手に築く楽天家。

誰とでも積極的に付き合って交友範囲を広げ、その関係をすべて円満に保ちます。感受性が強く、とりこし苦労をすることもありますが、楽天的な性格なので思い煩うことはありません。

● ラッキーカラー…黒

● ラッキーアイテム…ネイル

● ホワイトエンジェル…**14** 協調性のないひつじ

● ブラックデビル…**44** 情熱的な黒ひょう

● ベストフレンド…華やかなこじか

● 結婚にぴったり…協調性のないひつじ

● 恋人にして楽しいのは…華やかなこじか

　　　　　　　　　　　　　長距離ランナーのチータ

50
落ち込みの激しい黒ひょう
Sentimental BLACK PANTHER

リズム／雨露

ひらめきを活かす努力家

大人っぽく穏やかな雰囲気に見えますが、実は芯は強く、自分の主張を突き通す強さを秘めた人。ときには強情な面も。

機転が利いて、ぴんと来たら行動派なので、どんな環境にも臨機応変に対処。直感と柔軟な考え方で時流を敏感にとらえます。気まぐれで心に矛盾を抱えがちですが、独立心旺盛な努力家です。

● ラッキーカラー…紫

● ラッキーアイテム…メガネ

● ホワイトエンジェル…**25** 穏やかな狼

● ブラックデビル…**55** パワフルな虎

● ベストフレンド…まっしぐらに突き進むゾウ

● 結婚にぴったり…穏やかな狼

● 恋人にして楽しいのは…まっしぐらに突き進むゾウ

フットワークの軽い子守熊

51
我が道を行くライオン
Independent LION

リズム／大樹

自分にも他人にもシビアな社交家

警戒心が強く、本心はめったに口にしないけれど、面倒見のいい人です。社交家で、意志が強く、弱音を吐かない、自分にも他人にも厳しい人。

負けず嫌いで忍耐強く、自分のことは自分で完結できるので、周りの助けをあてにしません。

本来は孤独を恐れず、自分の運命は自分で切り開く独立心の持ち主。

● ラッキーカラー…深緑
● ラッキーアイテム…外国製の地球儀
● ホワイトエンジェル…**36** 好感のもたれる狼
● ブラックデビル…**6** 愛情あふれる虎
● ベストフレンド…人気者のゾウ
● 結婚にぴったり…好感のもたれる狼
● 恋人にして楽しいのは…無邪気なひつじ

波乱に満ちたペガサス

52
統率力のあるライオン
Captain LION

リズム／草花

見た目は謙虚な百獣の王

いるだけでその場を明るくするオーラの持ち主。

心にプライドの高さと純真さを秘め、外見は謙虚で穏やか。

警戒心が強いので、自分の意思や感情を出さずに相手の言い分をよく聞きますが、内心では自分のほうが正しいと思っていることも。

親しい人には厳しくするのが愛情だと信じ、妥協しません。

● ラッキーカラー…黄緑

● ラッキーアイテム…ストール

● ホワイトエンジェル…**47** 人間味あふれるたぬき

● ブラックデビル…**17** 強い意志をもったこじか

● ベストフレンド…無邪気なひつじ

● 結婚にぴったり…人間味あふれるたぬき

● 恋人にして楽しいのは…強靭な翼をもつペガサス

　　　　　　　　　　　足腰の強いチータ

53
感情豊かな黒ひょう
Soulful BLACK PANTHER

リズム／太陽

優しくて素直、でも束縛は嫌い

やや線が細く現実感のない、情緒的な雰囲気の持ち主です。

初対面の人は苦手ですが、情にもろく純粋な善意の人です。

心の中では好き嫌いがハッキリしていて束縛は嫌い。

自分の欠点を素直に認めて向上していくひたむきさが魅力

です。

頭の回転が速く、時代を先どり。

気ままだけど器用な努力家で、何事にも上手に対処します。

- ⦿ ラッキーカラー…赤
- ⦿ ラッキーアイテム…スマートフォン
- ⦿ ホワイトエンジェル…**58** 傷つきやすいライオン
- ⦿ ブラックデビル…**28** 優雅なペガサス
- ⦿ ベストフレンド…デリケートなゾウ
- ⦿ 結婚にぴったり…傷つきやすいライオン
- ⦿ 恋人にして楽しいのは…束縛を嫌う黒ひょう
    どっしりとした猿

54
楽天的な虎
Optimistic TIGER

リズム／灯火

優しく平凡を愛する安定型

気取らず、警戒心なく誰とでも平等に付き合える開放的な人。先入観をもたずに、常に公平なまなざしで物事を見つめます。自分に厳しくても他人には甘く、頼まれるとイヤといえない奉仕精神の持ち主なので、相談をもちかけられることも多いはず。

素直だけど、筋の通らないことは絶対に譲らないガンコさも秘めています。

● ラッキーカラー…オレンジ

● ラッキーアイテム…リップグロス

● ホワイトエンジェル…**9** 大きな志をもった猿

● ブラックデビル…**39** 夢とロマンの子守熊

● ベストフレンド…物静かなひつじ

● 結婚にぴったり…大きな志をもった猿

● 恋人にして楽しいのは…情熱的な黒ひょう

　　　　　　　　　　　　　好感のもたれる狼

55
パワフルな虎
Powerful TIGER

リズム／山岳

理想に向かって突き進む正義派

物怖じせず、お世辞も言わず、誰にでも論理的にものを言うので、一目置かれる存在。理想主義者で、理不尽なことは許せず、弱者を守るためには権力に立ち向かう闘志を秘めています。

機転が利き、責任感と決断力があり「やるときはやる」頼もしい人物です。傲慢さもありますが、正義感の強さも魅力のひとつ。

● ラッキーカラー…茶
● ラッキーアイテム…ネックレス
● ホワイトエンジェル…**20** 物静かなひつじ
● ブラックデビル…**50** 落ち込みの激しい黒ひょう
● ベストフレンド…尽くす猿
● 結婚にぴったり…物静かなひつじ
● 恋人にして楽しいのは…長距離ランナーのチータ
　　　　　　　　　　　頼られると嬉しいひつじ

56
気どらない黒ひょう
Friendly BLACK PANTHER

リズム／大地

誠実で義理人情に厚い人格者
誰に対しても誠実に、利害関係や打算に左右されず公平で
素直な態度で接する人格者、義理人情に厚く包容力豊かで
す。
自分の世界へやたらに踏み込まれるのはイヤで、交際範囲
を限定します。思いついたら即実行し、持ち前の根性で最
後まで自力でやり抜きます。

● ラッキーカラー…黄
● ラッキーアイテム…香水
● ホワイトエンジェル…**31** リーダーとなるゾウ
● ブラックデビル…**1** 長距離ランナーのチータ
● ベストフレンド…落ち着きのあるペガサス
● 結婚にぴったり…リーダーとなるゾウ
● 恋人にして楽しいのは…感情的なライオン

　　　　　　　　　　愛情あふれる虎

57
感情的なライオン
Emotional LION

リズム／鉱脈

面倒見のいい真面目なリーダー

自分を抑えて人に心配りをする社交的な人です。さっぱりした性格から、飛び出す言葉は毒舌ですが、その率直さが魅力です。内面は勝ち気で、競争に遅れをとるのは大嫌い。心を許せる友の前ではオチャメになっても、外では自他に厳しい。リーダーとして自分を犠牲にしても弱い人を助ける真面目な優しさがあります。

- ラッキーカラー…グレー
- ラッキーアイテム…プラチナのネックレス
- ホワイトエンジェル…**42** 足腰の強いチータ
- ブラックデビル…**12** 人気者のゾウ
- ベストフレンド…活動的な子守熊
- 結婚にぴったり…足腰の強いチータ
- 恋人にして楽しいのは…粘り強いひつじ
    気どらない黒ひょう

58
傷つきやすいライオン
Sensitive LION

リズム／宝石

秩序を重んじる古風なタイプ

知的でカンには頼らない堅実博学な人。屈託なくおっとりしていても、信じているもの以外には心動かさない強い信念の持ち主です。

権威を重んじ、自分の秩序を乱されるのは大嫌い。困ったときは、自力で解決に努めます。行動範囲は広いけれど周囲が気になり、おせっかいになることも。自分を否定されると傷つくナーバスな一面があります。

● ラッキーカラー…白
● ラッキーアイテム…フランス製の香水
● ホワイトエンジェル…**53** 感情豊かな黒ひょう
● ブラックデビル…**23** 無邪気なひつじ
● ベストフレンド…大器晩成のたぬき
● 結婚にぴったり…感情豊かな黒ひょう
● 恋人にして楽しいのは…順応性のある狼

尽くす猿

59
束縛を嫌う黒ひょう
Freedom-Loving BLACK PANTHER

リズム／海洋

礼優正しい直感型エスパー

礼儀正しく、落ち着いた穏やかな人。ひとつのことを極めていくタイプで、何事もよく考えたうえで行動します。不言実行の人。

口数は少なく、理論的な説明はあまり得意ではないけれど、直感の鋭さはかなりのもの。相手の心理を読んで見抜きます。

● ラッキーカラー…黒
● ラッキーアイテム…ボディローション
● ホワイトエンジェル…**4** フットワークの軽い子守熊
● ブラックデビル…**34** 気分屋の猿
● ベストフレンド…楽天的な虎
● 結婚にぴったり…フットワークの軽い子守熊
● 恋人にして楽しいのは…足腰の強いチータ
　　　　　　　　　　　　感情豊かな黒ひょう

60
慈悲深い虎
Liberty TIGER

リズム／雨露

純粋で気遣いできる人気者

温厚誠実な人柄の持ち主。純粋無垢で、繊細な気遣いができるので交友関係が広く、同性からも異性からも人気者です。頭の回転が速く何事にも柔軟に対応します。

自分の世界をもっており、プライドは高いですが、ホメ言葉に弱く、ひと言のお世辞で舞い上がってしまう面もあります。

●ラッキーカラー…紫
●ラッキーアイテム…カーアクセサリー
●ホワイトエンジェル…15 どっしりとした猿
●ブラックデビル…45 サービス精神旺盛な子守熊
●ベストフレンド…サービス精神旺盛な子守熊
●結婚にぴったり…どっしりとした猿
●恋人にして楽しいのは…落ち着きのない猿
　　　　　　　　　華やかなこじか

講師は見た！　アニマロジー検証データ

●検証データ●

　ホワイトタイガーの新人講師、さすが数字に強いチータだけあってすごいことに気が付きました!!　これは快挙です。

まるみさん！　ずっと表を見ていたらある法則に気がつき、ホワイトエンジェルを求める計算式を発見したのでお知らせします。

　　・数値＝60分類番号 x 11 + 15

その出た数値を60で割った余りの数値がホワイトエンジェルです。

足腰の強いチータは番号42なので、

　　42 x 11 + 15 = 477

　　477÷60 の余りは57で感情的なライオンとなります。

　　　　　　　　システムコンサルタント　小林祐一（足腰の強いチータ）

　わ〜お♪　小林くん、素晴らしい大発見ですね。これはスゴいことですよ!!

　実はこれまで個性心理學では、特別な表を元に、このホワイトエンジェルとブラックデビルを調べていました。しかし、さすが好奇心旺盛なチャレンジャーのチータくんですね！　目の付け所が違います。この計算式さえ覚えてしまえば、いつでもどこでも表を見ないで、ホワイトエンジェルとブラックデビルを割り出すことができます。これを活用すれば、学校でも会社でも飲み屋さんでも大盛り

上がり大会間違いなしですな。

　例えば私は、6番の愛情あふれる虎なので、

6の11倍は、66

それに15を足すと81

81÷60＝1…21（1余り21）

　つまり、21の「落ち着きのあるペガサス」が私のホワイトエンジェル。

　それに「30」を足した51の「我が道を行くライオン」がブラックデビルになります。

※余りに30を足したとき、60を超えてしまったら60を引いてください。

●検証データ●

　以下は税理士をしている副島講師から以前頂いたメッセージです。

土曜日は途中退席失礼しました。私は税理士ですが、お客様の相続が争族になってしまい、緊急の会議となり、パーティーの中盤で失礼をしました。

親族数名が集まったのですが、緊急会議は悪口合戦になりました。もう何十年も前の話も出てきます……。

私は、感情的に個々の性格まで悪くいうのではなく、個性・特徴は尊重した上で話し合うことも必要ではないかと話しました。土曜日のパーティーのお土産にいただいた本でキャラの特徴を説明した

ら、その場の空気が変わり出しました。みんなピッタリで、笑いも出てきて雰囲気が良くなりました。

相続・争族は簡単には解決はしないでしょうが、アニマロジーのあらたな活用でした。

税理士　副島正雄（どっしりとした猿）

　この日は、私の師匠である弦本先生の還暦と研究所設立20周年と新刊本出版記念を祝う大きなパーティーの日でした。

　税理士という職業上、つい固い人を想像してしまいますが、副島講師のキャラは猿で堅苦しい雰囲気が苦手な明るい性格です。楽しいことが大好きなキャラなのに、これから盛り上がるという絶好調のときに緊急会議の連絡が入り、途中退席せざるをえなかったのはとても残念なことだったと思います。

　でも、引き出物の本をうまく使って、その場を和やかにさせたなんて話を聞くと、こちらまで嬉しくなってしまいます。うちの講師は出来がいいなぁ。

　パーティーには戻れなかったけど、人助けができて最高の日になりましたね。

　だいたい、こういう相続の話は、周りの経験者たちから聞いても、親族で揉めて嫌な思いをしたということしか聞きません。お金のこととって、やっぱり揉めますよね。みんな「少しでも欲しい」「払いたくない」訳で、税理士という職業は大変だと思います。争いごとを目の前で見ているだけでも相当疲れるし、人の悪口を聞くのは自分の体にもよくありません。わたしなら、そっとその場から離れますが、職業じゃそうもいきませんものね。

しかし、そんな風に家族や親戚が集まって悪口大会しているようでは、亡くなった方も浮かばれませんよね……。

　そうならないためにも、今のうちに親戚一同のキャラや運気を調べておいてください。そして、できれば生きているうちに相続のことは良く話し合っておいたほうが良いですね。それでも、どうしても争いごとになりそうならば、自分の運気が良い「成果」や「完結」のトキに話し合いすると良いでしょう。

　ただし、話し合う相手が「焦燥」のトキは何がなんでも避けなければいけません。相手はイライラしてますからもっと大きな揉め事になります。

　アニマロジーは「占い」を超えた「ヒト」の情報が書いてあります。いつでもどこでも何度でも読み返してください♪　副島講師、これからはいつもカバンに『Animalogy アニマロジー』を入れて出かけてねっ！　素敵なお話ありがとうございました♪

もっと教えて！　アニマロジーQ&A

Q：結婚した相手がブラックデビルだったら？
A：そういう夫婦は沢山います。

　磁石の＋と－が強力な磁力で惹きつけ合うように、ホワイトエンジェルより出会う確率が高い二人です。体の相性が良いため、恋愛中はエキサイティングに燃え上がります。そして、恋愛の末に結婚がありますから、結婚した相手がブラックデビルだったという夫婦は意外と沢山いるんですよ。

　もしかして、恋愛中の人は「結婚の相性が悪い」なんて知ってがっかりしたかしら？　すでに結婚している人の中には「ほら、やっぱり!!」なんて、確信した人もいるかもしれませんね。でも、アニマロジーを知って良かったじゃないですか。相手の個性を知れば、対処法はいくらでもありますよ。昔から、結婚生活は修行の場だと言われますよね。赤の他人同士が一緒に暮らすのですから、どんな夫婦だって多かれ少なかれ衝突することはあるでしょう。特にブラックデビル夫婦の場合は「学びと成長の関係」だと思ってください。

　私の知人で「ブラックデビルと結婚して20年」のＳさん（虎）がこう言ってました。「確かにイライラするけれど、これ以上相性が悪い人がいないと思うと安心する」って。現在は、ほどほどに仲良くやっているそうです。彼女はまさに、ご主人をあきらめた（個性を明らかに認めた）んですね。素晴らしい！

Q：ホワイトエンジェルにピンと来ない……
A：そういうものです。

　そうなんです。私も過去、何人かのホワイトエンジェルと出会っ

ていますが、まったくピンと来ない。残念ながらときめかない人ばかり（思い当たる方ごめんなさい）。あはっ。

「まだ自分のホワイトエンジェルに出会ったことがない」と言う人も周りに多いですが、ホワイトエンジェルは柔らかく惹きつけ合うので、とっくに出会ってるのに見過ごしている場合もあります。

　それとね、いくら最高の結婚相手とされる相性だと言われても、例えば相手が仕事もしないで遊びほうけてる人だったら、あなた結婚なんてしないでしょ!?　相手がホワイトエンジェルなら全て上手くいくと思ったら大間違いですよ。人はそれぞれ「レベル」と言うものがあるのです。その時の自分のレベルと同じステージに立ってる人じゃないと、なかなかピン！　と来ないものです。

　例えばEARTHなら、頑張ってる人が好きだし自分が好きになった人じゃなきゃ、いくら「最高の相性」と聞いてもときめかないんだから。100％の相性も素敵だけれど、30〜60％くらいの相手のほうがケンカもするけど楽しいかもしれません。

Q：子どもがブラックデビルだったらどう接したらいい？

A：いいところを伸ばしてあげて。

　例えば仕事の場合、短期間組む相手にするなら「ブラックデビル」も刺激的な良いパートナーになったりするのですが、親子となると長く一緒にいますしイライラすることも多いでしょうね。ブラックデビルのお子さんなら、親子と言えども少し距離を置いたほうが上手くいく場合があります。

　そして、ブラックデビルの子どもに限らず、子どものことが理解できなくて子育てがしにくい……という親御さんも、口には出さなくても結構いるかもしれません。

でも、どんなに相性がよくても「親の思い通りになる子」なんてなかなか存在しませんよね。それに存在していたとしたら、その子どもが可哀そうです。親が親の個性で躾をし過ぎると、「しつけ」に「お」が付いて、「押し付け」になってしまいます。だいたい、いくら親子でも個性は遺伝しないのです。子どもはいつかは巣立っていくのだから、今、子どものために親ができることは、子どもの個性の良いところを伸ばしてあげることじゃないかと、私は思います。

　そのためにも、子どもの個性を知って、子どもを認めてあげてください。例えばSUNのお子さんなら、「すごいね！」「カッコいいね!!」って、たくさんほめてあげるだけで心を開きます。自信がつきます。笑顔になります。そうやって、キャラにそったやり方で個性を大事に伸ばすように接することで親子関係は良くなります。

60×60相性ナビ

60キャラの相性を一覧表にまとめました。気になるあの人との相性をチェック！

60×60相性ナビ①

女＼男	1	2	3	4	5	6	7	8	9	10	11	12	13	14	15	16	17	18	19	20
1	52	80	47	13	67	93	20	8	88	75	73	57	35	40	43	98	72	53	30	3
2	92	42	40	60	28	85	1	17	35	80	13	50	78	23	37	57	95	48	72	15
3	40	20	37	47	72	5	38	97	13	42	62	78	83	55	33	45	58	1	90	48
4	15	62	53	42	5	78	75	58	95	37	23	87	13	72	52	38	3	45	97	67
5	55	30	87	7	18	75	52	27	82	100	35	23	68	47	83	5	12	20	62	95
6	95	32	7	78	72	37	25	28	12	83	98	20	47	55	5	77	63	17	87	48
7	17	1	48	75	62	23	15	90	42	68	88	95	35	5	45	72	67	52	28	85
8	7	18	97	70	30	47	92	42	35	63	15	55	1	17	38	67	50	53	87	22
9	88	23	18	95	73	12	42	20	40	90	63	7	83	97	17	45	60	13	80	50
10	75	83	50	37	100	90	73	58	48	18	3	43	67	87	95	20	23	40	62	68
11	57	22	68	37	25	98	85	20	65	3	42	77	48	15	67	100	40	73	83	13
12	48	63	72	88	38	17	95	62	8	43	77	22	85	58	68	87	98	20	27	52
13	67	65	82	13	90	43	18	1	75	57	30	27	38	72	78	12	83	95	17	8
14	85	27	58	80	43	88	3	18	97	75	10	52	73	38	55	77	25	48	1	20
15	42	22	40	47	68	5	83	18	13	95	62	75	82	53	37	45	58	8	77	97
16	98	58	48	37	5	77	72	90	43	18	100	83	13	68	45	3	12	40	62	63
17	55	95	63	5	10	77	53	50	60	88	20	98	90	33	62	3	18	68	45	28
18	55	70	1	42	37	27	52	67	13	87	82	47	93	65	7	40	78	43	92	58
19	27	7	88	97	50	47	10	67	77	60	80	35	22	1	87	62	37	33	18	72
20	3	18	60	83	95	63	88	30	55	78	10	52	8	22	97	82	27	50	87	40
21	92	82	12	33	73	100	67	78	23	88	62	7	55	50	10	95	58	20	53	45
22	68	75	25	38	90	83	98	73	22	13	7	63	58	50	23	35	100	82	52	47
23	25	12	53	78	43	58	87	93	50	8	28	48	73	17	52	85	27	98	83	13
24	90	70	92	65	53	43	22	67	1	63	38	12	42	78	83	87	35	17	93	73
25	27	67	83	15	90	52	17	8	77	97	40	35	48	73	80	13	38	32	42	1
26	100	28	55	75	43	87	3	27	52	92	93	48	68	40	53	72	25	47	8	35
27	62	98	25	33	68	3	92	73	10	28	58	100	53	48	22	32	57	8	78	42
28	18	80	93	38	7	27	73	78	22	13	67	70	98	57	25	35	5	68	60	52
29	88	40	13	1	58	72	27	37	68	23	35	65	83	93	12	8	32	62	80	45
30	20	68	8	63	97	47	85	65	15	82	33	27	42	77	1	62	53	23	37	72

表の見かた：自分のキャラクターと相手のキャラクターの交わるところがふたりの相性です。　100点満点で、点が高いほど相性GOOD！

60×60相性ナビ②

男

女		21	22	23	24	25	26	27	28	29	30	31	32	33	34	35	36	37	38	39	40
	1	92	83	42	33	32	100	82	15	37	28	22	7	87	45	38	95	55	70	77	10
	2	67	65	10	77	75	22	98	63	20	70	7	18	62	38	8	73	100	47	55	33
	3	12	28	57	92	82	52	27	93	50	8	88	60	17	35	53	80	77	98	43	30
	4	28	17	73	65	12	68	27	25	1	63	47	22	43	18	70	85	10	20	93	48
	5	73	72	48	67	65	43	70	8	15	97	25	33	60	85	45	63	22	32	57	1
	6	100	85	57	45	43	52	3	22	50	40	93	65	15	92	53	42	18	62	8	60
	7	83	98	87	33	32	3	92	82	37	27	20	100	77	47	38	30	18	8	70	40
	8	77	75	93	85	8	25	73	72	23	82	90	52	98	40	]10	83	5	20	65	33
	9	37	35	57	1	82	53	33	32	52	15	78	62	48	93	55	8	77	58	43	38
	10	30	10	8	65	97	70	28	27	82	60	45	25	38	15	1	63	42	22	35	47
	11	62	5	32	47	45	95	60	58	28	43	88	18	38	7	30	97	75	17	33	63
	12	7	50	60	12	83	55	100	90	53	25	47	75	5	70	57	10	93	73	45	92
	13	55	53	73	37	35	68	52	98	85	32	28	3	62	80	70	33	25	100	58	15
	14	35	33	15	72	70	37	32	30	93	67	5	17	82	57	13	68	50	23	98	53
	15	12	33	55	80	78	50	32	30	48	1	92	60	17	38	52	85	73	57	43	93
	16	93	27	87	92	12	65	25	23	8	60	97	88	38	47	67	85	10	22	32	42
	17	58	100	35	48	83	30	57	7	13	43	72	93	40	92	32	47	70	42	37	8
	18	12	88	98	22	20	62	5	57	60	17	48	80	100	90	63	18	45	77	3	73
	19	58	57	85	93	20	8	55	53	73	40	12	38	65	98	83	42	17	3	82	75
	20	38	37	13	77	1	20	35	33	42	73	90	28	85	58	93	75	5	17	80	53
	21	40	38	52	5	85	97	15	37	47	18	65	60	35	25	48	1	63	57	13	22
	22	43	18	5	57	55	48	93	42	78	80	65	62	40	12	3	53	97	60	33	17
	23	35	3	40	72	70	15	33	100	37	67	88	10	80	7	38	68	47	95	75	82
	24	5	62	80	20	40	75	60	58	98	18	32	37	8	85	77	13	30	33	100	88
	25	60	58	75	47	45	87	57	12	70	93	18	3	63	82	72	43	33	37	62	98
	26	97	33	13	67	65	38	32	30	37	62	1	17	77	83	12	63	80	23	70	50
	27	15	93	50	82	52	45	37	35	43	7	88	97	13	23	47	80	60	55	30	18
	28	43	18	100	62	12	53	42	40	3	58	72	65	95	17	55	82	13	63	33	20
	29	43	90	52	98	22	48	10	3	47	78	67	33	87	100	50	82	63	30	17	5
	30	12	60	78	40	93	75	5	58	73	35	88	32	13	83	98	38	24	28	7	80

60×60相性ナビ③

男

女	41	42	43	44	45	46	47	48	49	50	51	52	53	54	55	56	57	58	59	60
1	90	50	18	5	85	97	78	48	25	63	62	12	68	27	17	1	60	58	65	23
2	43	90	5	30	58	82	93	68	83	25	53	52	32	87	3	27	97	88	12	45
3	22	3	87	73	15	32	18	100	63	67	25	23	75	7	65	70	10	95	68	85
4	8	77	83	88	40	50	60	90	98	55	35	33	7	82	80	57	32	30	100	92
5	10	53	80	42	58	88	28	50	92	93	38	3	13	78	77	40	37	90	17	98
6	97	27	82	73	13	90	30	23	35	67	1	58	75	38	80	70	10	88	68	33
7	80	93	13	63	73	43	78	50	10	7	57	97	65	25	12	60	55	53	58	22
8	43	80	100	32	68	37	13	78	3	27	62	60	95	48	88	28	58	57	12	45
9	25	10	67	98	47	87	22	3	92	68	30	28	75	100	65	72	27	85	70	5
10	85	88	80	55	93	13	7	72	78	52	33	17	57	92	98	53	32	12	5	77
11	52	55	92	12	35	1	50	53	80	10	72	87	27	82	90	93	70	8	23	78
12	65	23	32	40	3	67	97	15	28	33	82	80	42	18	30	37	1	78	35	13
13	67	20	48	7	60	77	63	93	42	88	23	10	92	47	45	5	87	97	50	40
14	28	83	8	45	78	87	12	22	100	40	65	63	47	90	7	42	62	92	95	60
15	23	3	90	70	15	35	20	87	63	98	28	27	72	7	88	67	10	25	65	100
16	1	73	82	55	35	20	57	70	15	50	95	30	7	80	78	53	28	17	52	75
17	15	97	82	27	38	85	22	52	75	23	67	1	12	80	78	25	65	87	17	73
18	72	53	95	38	10	75	68	50	25	32	8	85	97	30	28	35	15	83	33	23
19	70	25	15	100	63	78	68	23	45	9	90	32	52	95	13	48	30	28	92	43
20	32	25	92	47	98	57	12	23	7	43	72	70	48	65	100	45	68	67	15	62
21	83	68	30	75	32	93	80	8	87	70	17	43	77	28	27	98	42	90	72	3
22	77	87	32	72	37	10	1	67	28	88	45	20	92	85	30	70	95	15	8	27
23	32	23	92	22	77	5	30	97	57	18	65	63	45	60	90	20	62	1	42	55
24	72	23	48	55	7	82	68	10	95	50	28	27	57	47	45	52	3	25	97	15
25	68	25	22	7	85	78	65	23	50	100	30	10	92	53	20	5	88	28	55	95
26	95	78	7	20	73	82	10	22	85	42	98	60	45	88	5	18	58	90	15	57
27	77	1	87	70	12	20	75	90	27	63	92	5	85	67	17	38	65	83		
28	8	75	97	92	37	23	83	87	10	77	50	48	1	30	28	90	47	45	88	85
29	42	28	75	95	85	92	38	25	18	53	15	7	60	97	73	57	77	20	55	70
30	70	18	90	55	100	92	67	17	45	50	3	22	57	48	95	53	10	87	52	43

60×60相性ナビ④

女\男	1	2	3	4	5	6	7	8	9	10	11	12	13	14	15	16	17	18	19	20
31	22	7	68	43	33	95	15	87	65	38	92	50	27	5	88	97	70	47	10	85
32	7	22	70	42	27	80	100	52	63	35	15	77	5	18	67	38	93	75	83	32
33	90	57	17	35	50	77	73	98	42	87	23	3	62	70	15	32	20	100	60	63
34	40	85	33	45	82	55	37	18	93	15	8	70	80	90	30	42	50	67	98	48
35	27	15	57	92	45	60	83	13	53	1	30	52	72	18	55	90	28	48	82	93
36	93	68	92	63	50	23	27	65	8	60	97	12	40	77	83	62	33	18	37	70
37	55	100	72	12	78	37	22	8	83	43	73	93	32	87	68	10	90	50	25	7
38	82	48	98	38	25	90	5	20	62	78	13	75	100	32	63	35	42	72	3	17
39	80	62	48	93	55	8	78	58	17	35	23	88	67	98	47	38	20	3	92	68
40	10	23	43	52	1	67	45	20	38	18	65	92	15	58	93	50	7	73	78	55
41	90	42	38	7	12	97	73	40	33	88	23	55	82	27	35	1	15	53	78	25
42	50	80	5	77	65	20	93	78	10	90	73	53	33	42	3	75	87	52	87	35
43	75	3	82	72	60	30	12	100	50	65	92	18	40	7	80	68	55	93	15	85
44	5	30	85	90	45	75	55	28	98	58	12	27	8	52	82	88	35	25	100	50
45	90	58	17	38	50	73	72	55	45	93	27	3	82	68	15	35	23	18	62	98
46	97	82	32	43	90	58	35	18	28	15	1	70	80	85	30	40	52	67	73	47
47	75	93	37	88	30	45	73	20	33	8	53	97	83	13	35	87	52	55	92	10
48	47	82	100	88	63	17	45	78	3	73	72	15	95	37	42	77	68	48	28	30
49	35	88	65	98	72	42	18	3	82	75	67	27	50	100	63	15	83	23	45	5
50	53	25	85	60	93	77	5	23	82	55	12	22	88	48	98	58	30	20	7	43
51	68	62	32	22	47	1	67	58	13	18	88	72	25	80	28	93	85	8	90	75
52	15	65	40	27	3	58	97	87	35	17	92	72	12	77	37	23	1	70	32	82
53	50	28	82	7	13	70	47	95	77	85	32	23	90	45	80	5	12	97	58	42
54	30	35	8	88	80	40	27	32	100	85	75	20	53	60	7	87	72	17	95	55
55	17	3	82	73	65	37	12	87	55	98	92	25	45	7	80	70	60	22	15	100
56	1	25	82	85	38	70	83	23	75	52	95	22	7	47	78	55	28	20	87	43
57	70	97	13	32	53	20	68	63	38	27	87	1	90	80	12	28	85	23	35	73
58	70	88	95	23	52	58	67	63	35	10	8	75	97	90	37	20	82	72	27	78
59	53	12	80	100	42	73	83	10	77	5	33	27	65	95	78	88	32	23	90	20
60	28	33	60	92	98	38	27	30	7	77	67	10	90	50	100	80	63	17	43	45

60×60相性ナビ⑤

男

	21	22	23	24	25	26	27	28	29	30	31	32	33	34	35	36	37	38	39	40
女 31	58	57	80	25	17	1	83	55	60	23	20	90	45	67	78	93	48	8	40	63
32	62	60	13	50	3	17	97	58	33	47	88	45	43	68	12	48	1	20	37	85
33	27	25	72	7	85	67	10	95	65	18	38	22	37	43	68	5	83	97	13	40
34	28	12	7	78	77	88	27	25	100	73	72	52	47	32	5	75	68	92	95	17
35	37	3	42	70	68	17	35	78	38	98	85	12	77	7	40	67	50	10	73	100
36	1	58	78	13	38	73	57	55	72	20	95	35	7	85	75	22	30	32	90	80
37	58	97	62	30	28	85	57	13	82	23	20	1	48	70	60	27	52	88	45	15
38	58	57	95	47	45	30	55	53	28	80	7	18	97	65	12	43	73	40	33	60
39	10	28	75	100	65	72	27	25	70	5	42	22	15	95	73	90	40	18	37	43
40	35	33	60	80	98	57	32	30	5	77	75	63	53	42	100	82	13	62	48	37
41	70	68	18	80	92	93	67	8	10	77	57	52	65	37	17	98	83	50	62	3
42	15	92	43	32	30	38	1	83	37	27	55	72	13	88	70	28	95	70	8	45
43	22	20	88	38	37	5	83	97	42	33	10	90	73	53	87	35	17	1	67	48
44	72	70	15	67	7	20	68	92	95	63	17	37	62	83	13	65	3	33	97	23
45	30	83	70	7	88	65	10	28	63	100	43	25	40	80	67	5	42	22	13	95
46	95	12	7	78	77	83	25	23	48	72	98	53	45	13	5	75	68	50	38	27
47	70	1	27	82	80	12	68	90	23	77	58	95	67	5	25	78	57	22	63	85
48	8	85	97	13	87	33	92	90	32	27	52	70	1	43	35	12	50	67	75	38
49	87	30	55	95	48	80	28	10	52	43	17	7	85	97	53	47	25	92	77	13
50	72	90	15	67	100	47	70	68	45	63	3	32	62	92	95	65	87	28	57	80
51	17	42	82	92	23	98	40	38	77	3	73	87	12	30	78	100	70	83	20	27
52	48	47	88	85	10	75	95	45	8	30	73	90	28	38	83	80	98	78	22	33
53	65	92	22	62	88	43	63	1	15	57	25	30	55	87	20	60	83	93	52	8
54	10	90	62	52	50	57	3	23	97	47	22	73	15	92	58	48	18	70	1	67
55	30	28	88	43	42	5	85	27	47	95	10	90	75	58	78	40	23	8	83	97
56	98	67	15	63	5	18	65	88	45	60	100	30	58	80	13	62	3	27	53	73
57	47	95	82	5	88	77	17	45	75	18	72	98	33	92	78	3	25	83	10	37
58	47	17	1	32	30	87	45	43	80	25	77	83	93	13	7	28	73	92	18	33
59	68	7	48	97	63	22	67	92	45	60	82	15	58	1	47	62	25	13	55	87
60	3	25	52	15	95	48	88	87	47	42	23	65	8	58	97	13	82	62	78	85

60×60相性ナビ⑥

女＼男	41	42	43	44	45	46	47	48	49	50	51	52	53	54	55	56	57	58	59	60
31	62	53	13	35	42	98	82	52	18	3	77	75	37	30	12	100	73	72	32	28
32	53	57	92	28	40	65	95	55	8	23	73	87	30	82	90	25	98	72	10	78
33	58	75	82	52	33	88	55	1	92	45	12	30	53	80	78	48	28	93	47	8
34	87	38	60	65	43	13	3	35	97	62	23	22	83	58	57	63	20	10	1	53
35	33	25	88	22	75	5	32	23	58	95	65	80	47	62	87	20	63	8	43	97
36	98	17	43	52	5	82	67	10	88	45	100	87	53	25	42	48	3	28	47	15
37	65	95	18	5	47	67	63	53	35	40	77	98	80	38	17	3	92	75	42	33
38	50	85	1	27	37	87	15	52	83	22	70	68	93	92	8	23	67	88	10	77
39	63	7	87	97	13	45	60	77	83	50	33	32	57	1	85	53	12	30	52	82
40	3	47	70	90	95	40	22	83	12	72	28	27	8	68	97	88	25	17	87	85
41	22	75	48	32	63	100	20	72	85	23	60	5	13	47	45	95	58	87	30	43
42	82	48	25	67	12	85	98	47	18	60	7	58	68	23	22	63	100	57	62	17
43	27	23	78	62	70	52	25	95	77	8	47	45	63	32	13	58	43	98	57	28
44	32	57	22	47	60	80	10	53	1	18	42	87	48	78	77	43	40	38	93	73
45	60	20	78	52	37	87	57	8	92	97	12	33	53	77	75	48	32	85	47	1
46	100	37	62	65	42	17	3	33	57	88	93	22	92	87	60	63	20	10	8	55
47	40	98	50	18	65	3	38	72	43	15	62	100	32	48	47	17	60	7	28	42
48	83	22	93	65	7	40	80	20	23	58	57	55	98	18	25	62	5	53	60	10
49	90	33	22	1	78	62	37	32	40	68	60	32	93	20	8	58	57	70	38	
50	27	52	8	18	97	83	10	50	75	40	38	37	42	78	1	17	35	33	13	73
51	63	7	57	48	10	95	60	65	53	43	37	35	50	5	55	97	15	33	45	52
52	7	68	63	55	25	18	100	67	13	50	43	42	5	62	60	53	93	20	52	57
53	10	48	75	40	53	78	27	98	68	37	35	3	18	73	72	38	33	100	17	67
54	37	28	45	82	13	68	33	25	93	77	5	65	83	43	42	78	12	63	98	38
55	35	33	13	67	72	57	77	32	18	1	53	52	68	38	20	63	50	48	62	93
56	93	50	92	40	57	77	10	48	8	17	97	35	42	72	90	37	33	32	12	68
57	67	100	62	55	30	40	65	8	58	48	15	93	57	22	60	52	43	42	50	7
58	85	68	98	53	22	12	5	65	57	48	42	40	100	62	60	50	38	15	3	55
59	30	52	75	93	57	8	28	50	72	17	38	37	43	98	85	18	35	3	40	70
60	35	18	40	73	1	57	32	12	37	68	55	83	75	22	93	72	5	53	70	20

あとがき

　『Animalogy　アニマロジー』いかがでしたか？　だんだん、気になるアノ人の顔が愉快な動物に見えてきたことでしょう（笑）。

　今から20年前「動物占い」が全国的に大ブレイクしました。その頃私は35歳。あまりの的中率のスゴさに感動。楽しすぎて、常に仕事場に本を持ち歩き仲間たちと盛り上がってました。その後、ブームも去りましたが、ずっと頭の中に残っていた動物たち……。

　約5年前に弦本先生と出逢い、12匹だと思っていた動物が60匹になっていることを知り、びっくり!!　さらに「個性心理學」となり、前よりも、もっと進化していました。

　それまでは、単なる娯楽の「占い」だと思っていましたが、勉強すればするほど奥が深くて感心してしまいます。普通の占いは自分のことを調べたらそれでおしまいですが、個性心理學は人のこともやたら調べたくなるのです。「あの人のキャラはなんだろう」って。ものすごく人に興味が湧くんですね。そこが単なる「占い」とは全く違うところなんです。そして、簡単で覚えやすい。

　私は、この実学の素晴らしさに感動し、芸能人初の個性心理學講師になりました。現在は芸能活動より力を入れており「ストレスで心が弱っている人たちを助けたい」という思いで全国を講演して回っています。

　講演が始まる前は無表情だった受講生の皆さんが、私の話を聴いた後はみんな笑顔になっています。そんな様子を見ると、毎回嬉し

さでいっぱいになります。

　笑顔は人の心を、もっと言えば地球を救いますよね♪

　相手を知る事でもっと楽に仕事ができるし、営業成績も上がります。苦手だと思っていた相手が少しずつ理解できて、ストレスが減ります。家族や友人関係もこれまでよりも円満になります。

　たった一度の人生、つまらない人間関係で悩むことなく、もっと自由に楽しく光輝いて欲しいと切に願います。

　私は邂逅という言葉が大好きです。これは偶然の出逢いとか巡り合わせを意味します。でも私は世の中に偶然はないと思ってるんです。神様から出逢いの機会を与えられ、その度どうするのか試されている気がするんですよね。

　「宿命」は変えられないけど「運命」は人との出逢いで変わります。でも「良い出逢い」と「悪い出逢い」のどちらを選ぶかはアナタ次第なのです。必ず、一緒にいて楽しい気分にさせてくれる人、ウキウキ、ワクワクする方を選んでください。そしてどっち？　と悩んだ時は、アニマロジーがきっとお役に立つはずです。

　この本を出版するにあたり、検証データを出してくれたホワイトタイガー支局の荒川泰英さん、笠原慎也さん、小林祐一さん、坂巻里香さん、柴田亮二さん、手塚信貴さん、西彰子さん、濱田淳史さん、副島正雄さん、馬籠さとみさん、山重克子さん（50音順）。

　ありがとうね♡　みんな大好きだよ!!

　子育てしながら、家事も仕事も完璧にこなす虎のライター曽田照子さん、編集のお手伝いありがとうございました。

　偶然、美術館で出逢ってから足掛け6年。いつも私を温かい眼差

しで見守り、的確なアドバイスをくれる弦本將裕先生、そして、出逢った瞬間、私の夢を叶えると約束してくれた懐の深い牧野出版の佐久間憲一社長に、心から感謝します。

　みなさん！　まるちゃんと出逢ってくれてありがとう♪

　55歳の誕生日を目前に、ずっと出したかった本が出版できて最高に倖せです！

2017年10月吉日　　白石まるみ

参考書籍

この本を執筆するにあたり参考にした本をご紹介します。

●弦本將裕　著

『動物キャラナビ〔バイブル〕』（集英社）

『人間関係のイライラがゼロになる！個性心理學』（日本文芸社）

『ラブナビ』（集英社）

『動物キャラナビ〜ココロとカラダの相性診断〜』（サンクチュアリ出版）

『幸運ダイアリー』（日本文芸社）

●個性心理學研究所®

個性心理學® 特別上級講座テキスト

動物キャラナビ手帳

アニマロジーに興味を持った方へ

個性心理學研究所ホワイトタイガー支局
https://www.whitetiger-shikyoku.com

白石まるみFacebook

白石まるみ（しらいし・まるみ）

1962年11月27日生まれ　愛情あふれる虎

個性心理學研究所
認定講師・認定カウンセラー（第49989号）
ホワイトタイガー支局・支局長
個性心理學の創始者・弦本將裕氏に師事。
2013年4月、芸能界では初めてとなる個性心理學の認定講師・認定カウンセラー資格を取得。
2015年6月、ホワイトタイガー支局を開設し、支局長に就任。以来、タレント活動に加えて、文化人として個性心理學の講演・セミナー・講座を全国各地で開催。また、自らがナレーションを務めるDVD＋絵本『杉の木の両親と松の木の子ども』の制作に携わり、絵本の読み聞かせ活動も行っている。

装幀・本文デザイン　神長文夫＋柏田幸子
本文構成　曽田照子
動物イラスト　浅利太郎太

Animalogy（アニマロジー）　人間の取扱説明書

2017年11月27日初版発行

著　者	白石まるみ
発行人	佐久間憲一
発行所	株式会社牧野出版
	〒135-0053
	東京都江東区辰巳1-4-11　STビル辰巳別館5F
	電　話　03-6457-0801
	ファックス（注文）03-3272-5188
	http://www.makinopb.com
印刷・製本	中央精版印刷株式会社

内容に関するお問い合わせ、ご感想は下記のアドレスにお送りください。
dokusha@makinopb.com
乱丁・落丁本は、ご面倒ですが小社宛にお送りください。
送料小社負担でお取り替えいたします。
©Marumi Shiraishi 2017 Printed in Japan
ISBN978-4-89500-218-9